HISTOIRE MILITAIRE

DU DUC DE LUXEMBOURG EN FLANDRE.

HISTOIRE MILITAIRE DU DUC DE LUXEMBOURG,

Contenant

Le détail des Marches, Campemens, Batailles, Siéges & Mouvemens des Armées du Roi & de celles des Alliés

EN FLANDRE;

Ouvrage dédié & présenté à S. M. Louïs XV.

PAR LE CHEVALIER DE BEAURAIN,

Géographe ordinaire du Roi.

Nouvelle Edition plus correcte, & accompagnée des Cartes générales du Pays.

TOME CINQUIEME.

Campagne de 1694.

A LA HAYE,

Chez BENJAMIN GIBERT, Libraire.

MD. CC. LVIII.

HISTOIRE MILITAIRE DE FLANDRE,

EN L'ANNÉE M. DC. XCIV.

MALGRÉ les heureux succès des campagnes précédentes, la France dépérissoit dans le cours de ses prospérités. L'entretien de nombreuses armées, qu'elle s'étoit vûe obligée de mettre sur pied pour garantir ses frontières des invasions de ses ennemis, avoit épuisé le Roïaume d'hommes & d'argent. Il sembloit que la paix reculât à mesure qu'on tâchoit d'y parvenir. Elle ne paroissoit que dans une perspective éloignée, & s'il falloit l'obtenir avec avantage, il étoit nécessaire de continuer la guerre avec vigueur. Malheureusement les dépenses immenses avoient consumé les fonds, vuidé les bourses, tari les ressources ordinaires, & il étoit bien difficile d'imaginer de nouveaux moïens qui suppléassent abondamment au défaut 1694.

1694. de ceux qu'on avoit emploiés jusqu'alors. Un surcroît d'embarras & de difficultés fut la disette des grains, occasionnée par la mauvaise recolte dans quelques Provinces, jusque-là qu'afin de prévenir la famine, on se trouva dans la nécessité de tirer des bleds des Pays étrangers pour la subsistance des peuples. Ces raisons ne donnoient guères lieu à former un plan de nouvelles conquêtes; aussi le Roi se borna à conserver les places que ses armes lui avoient soumises, & à contrecarrer simplement les Alliés dans leurs desseins. Il ne vouloit pas qu'ils s'apperçussent du parti qu'il prenoit de n'agir que défensivement, il voulut qu'ils se trompassent aux apparences du contraire. Ce fut dans cette vûe qu'il confia à Mgr. le Dauphin le commandement de l'armée de Flandre sous la direction de M. de Luxembourg.

Quant à la frontière de cette Province, Sa Majesté n'entendoit pas que l'on s'y commît à aucun hazard, à moins qu'un cas pressant ne dispensât de suivre ses ordres; encore exigeoit-Elle qu'on ne profitât des avantages de la fortune qu'autant qu'on y entreverroit une suite de succès. Suivant ce systême du Monarque, on dressa, avant que d'entrer en campagne, un modèle de conduite, proportionné à la force des troupes qui agiroient sur cette frontière.

La présence de Mgr. le Dauphin en Flandre devoit être pour les Alliés un augure qu'on ne s'en tiendroit pas à des entreprises de peu de conséquence; mais qu'on étoit résolu d'y frapper de grands coups, dignes de la gloire de ce Prince. Il s'agissoit de les affermir dans cette opinion, en conciliant le parti qu'on vouloit affecter,

&

& celui qu'on avoit à suivre, témoigner qu'on cherchoit à les combattre, & montrer qu'on aspiroit à leur enlever leurs places. Néanmoins il étoit à propos que l'on se conduisît de manière qu'en toutes feintes on ménageât la réputation de Mgr. le Dauphin & la sûreté des troupes qu'il auroit sous son commandement. 1694.

Les positions les plus propres à obliger les ennemis de diviser leurs forces, paroissoient être celles qu'on pouvoit prendre entre le Demer & la Mehaigne. En y établissant le théâtre de la guerre, on s'assûroit d'une abondante subsistance aux dépens du Pays ennemi, on se procuroit l'égalité des armes, on donnoit même quelque supériorité apparente aux troupes du Roi.

L'armée de Mgr. le Dauphin, qui consistoit en quatre-vingt-&-un bataillons & cent soixante-&-deux escadrons, devoit s'assembler sur la Sambre pour se porter au-delà de la Mehaigne. M. le Maréchal de Boufflers devoit avoir sur la Meuse un Corps, composé de quinze bataillons & de vingt-trois escadrons, avec lequel il tiendroit en respect les troupes qui seroient dans Liége, protégeroit les convois que la grande armée tireroit de Namur ou de Huy, & à laquelle il se joindroit dans le besoin. M. d'Harcourt, avec douze escadrons, étoit destiné à couvrir la frontière du Luxembourg, en se plaçant sur la rivière d'Ourte, soit du côté de la Roche, soit vers Durbuy, ou plus bas aux environs de Wailles. M. de la Valette, auquel on donnoit dix bataillons & vingt-deux escadrons, devoit pourvoir à la défense des Lignes, & veiller à la sûreté des places depuis l'Escaut jusqu'à la mer. M. de Laubanie, Gouverneur de Mons,

1694. étoit chargé de la défense de la Haisne & des Lignes de la Trouille. Enfin M. de Boisseleau, Gouverneur de Charleroy, avoit ordre de se concerter avec lui & avec M. de Guiscard pour assûrer la communication de Mons à Namur, empêcher les partis ennemis de passer la Sambre, & de pénétrer dans le Haynaut.

Deux raisons s'opposoient à l'impatience où l'on étoit d'entrer de bonne heure en campagne; la rigueur de la saison & la subsistance de la cavalerie. Charleroy, Huy & Namur, autant de lieux propres à y former de gros magasins, n'avoient pû être abondamment pourvûes de fourrages, à cause du séjour des troupes dans les environs pendant l'année dernière. La cavalerie sur-tout se ressentoit encore de ce qu'elle avoit souffert au siége de la première de ces places. Elle demandoit du relâche pour se refaire peu à peu, elle avoit besoin de prendre le verd pour achever de se rétablir; on résolut de différer l'ouverture de la campagne jusqu'au tems qu'elle pût paturer.

On ignoroit les desseins des Alliés, la Cour s'étudia à prévoir où ils feroient usage de leurs forces. En marchant au-delà de la Mehaigne, on étoit sûr de fixer leur attention & de déterminer leurs premières démarches. On n'étoit pas moins certain que pendant que l'armée de Mgr. le Dauphin seroit à portée de Liége, le Prince d'Orange n'ôseroit s'éloigner & perdre cette ville de vûe. Ces considérations engagerent le Roi à porter le théâtre de la guerre entre la Mehaigne & le Demer.

La Cour prévit encore qu'étant en état de rassembler dans les Pays-Bas des troupes plus nombreuses que celles

les de la France, les ennemis auroient le choix, ou de 1694.
chercher à combattre avec beaucoup de supériorité, ou de tenter une diversion sans trop s'affoiblir. Dans le premier cas, le Roi s'en remettoit à la prudence de Mgr. le Dauphin, à qui il avoit recommandé, non seulement de ne rien hazarder à la legère; mais encore de ne pas négliger de consulter M. de Luxembourg, soit sur ce qu'il croiroit à propos de faire, ou sur les moïens qu'il jugeroit convenables pour l'exécuter. Le second cas étoit plus susceptible de mesures, à proportion de la diversité des diversions, que l'on supposoit possibles. En tenant le gros de leur armée à portée de Louvain, les Alliés pouvoient envoier des détachemens considérables, les uns du côté de la mer, les autres vers les Lignes, & essayer une descente sur les côtes de France; si non, marcher avec toutes leurs forces, pendant l'inaction de l'armée de Mgr. le Dauphin, ou afin d'attaquer cette partie maritime de la frontière, ou pour y attirer ce Prince, en même tems que les troupes, qu'ils auroient sur la Meuse, fondroient sur les places du Roi dans le Luxembourg.

Voilà ce qu'on appréhendoit de la part des ennemis, voici les arrangemens que prit la Cour pour s'en garantir. Supposé qu'ils se proposassent une descente sur les côtes de Flandre ou du Boulonnois, & tout à la fois l'attaque des Lignes, Mgr. le Dauphin devoit renforcer M. de la Valette de trois Régimens de Dragons de son armée; & si le détachement ennemi étoit assez fort pour attaquer Furnes, ou quelque autre place voisine de la mer, M. de Villeroy avoit ordre d'y marcher avec dix ba-

 tail-

1694 taillons & quinze ou dix-huit escadrons, y compris les trois Régimens de Dragons qui auroient pris, ou pû prendre les devants. Pendant ce tems-là, Mgr. le Dauphin étoit chargé d'examiner ce qui conviendroit le mieux, ou de s'arrêter dans tel poste qu'il se seroit choisi, ou de se rapprocher de Namur à portée de soutenir M. le Maréchal de Villeroy, de marcher sur la Dendre, & même sur la Lys, selon les mouvemens des ennemis. Arrivoit-il que ce Prince prît ce dernier parti avant que M. le Maréchal de Boufflers pût le suivre, il devoit enjoindre à celui-ci de laisser trois bataillons avec un Régiment de cavalerie d'augmentation dans Namur, & former un Corps de vingt escadrons de cavalerie ou de Dragons, qui, aux ordres de M. d'Harcourt, iroit de ce côté-là éclairer les pas des Alliés. Enfin s'ils s'avisoient de conduire leur armée vers la mer, le Roi avoit arrêté qu'on examineroit attentivement le camp retranché de Liége, qu'on lui en rendroit compte, & qu'on exécuteroit sans délai ce qu'il auroit résolu, ou d'attaquer ce camp, ou de marcher au secours des Lignes.

MAI. Vers le 20. du mois de Mai on fit cantonner sur la Sambre, depuis Marolles jusqu'à Thuin, la plûpart des troupes qui composoient la grande armée; le reste, sous la direction de M. le Maréchal de Villeroy, prit des quartiers sur la Haisne. Le Corps de M. le Maréchal de Boufflers eut ses cantonnemens aux environs de Chimey dans le Luxembourg. M. de Rosen, en attendant l'arrivée de Mgr. le Dauphin & de M. de Luxembourg, commanda sur la Sambre, où il laissa des marques de la plus exacte discipline. Tous les bleds fu-

furent conservés avec soin. On ne prit que les herbes nécessaires pour la cavalerie, & les païsans, qui avoient abandonné leurs maisons, témoins du bon ordre qu'observoient les troupes dans leurs quartiers, revinrent chez eux peu de tems après. 1694. MAI.

Ce commencement de campagne fut également affligeant & critique. Le soldat ne recevoit point de paie, & avant le premier Juillet on n'étoit point en état de lui fournir la viande que le Roi lui faisoit délivrer en campagne. Il ne pouvoit résulter de là que désertion, murmures & séditions. M. de Rosen & M. le Maréchal de Boufflers envoierent dans le Pays ennemi des détachemens, qui en ramenerent des bêtes à corne; tellement que par ce moïen ils prévinrent les fâcheuses suites qu'eût immanquablement occasionnées le défaut de paie & de subsistance.

Le premier Juin Mgr. le Dauphin arriva à Maubeuge, & emploia les jours suivans à visiter tous les quartiers. On les assûra par des postes qu'on établit sur la Sambre depuis l'embouchure du ruisseau de Marolles jusqu'à Namur, & on fit garder la Meuse depuis cette place, en remontant jusqu'à Charlemont.

PRE-

1694. MAI.

PREMIER CANTONNEMENT.

ETAT des Villages d'entre Sambre & Meuse, ou Quartiers de fourrage qu'occupa l'Armée du Roi, à commencer du 21. Mai de cette année.

Cavalerie sur la Sambre, depuis Marolles jusqu'à Maubeuge.

Noms des Villages.		Escadrons.	
MAROLLES.	Noailles.	2.	Ils prenoient le pain à Landrecy.
	Duras.	2.	
	Lorges.	2.	
NOYELLES & TAISNIERES.	Luxembourg.	2.	
	Grénadiers du Roi.	1.	
LE VAL & MOUSSEAU-LE-VAL.	Gendarmes.	1.	
	Chevaux-Legers.	1.	
SASSEGNIES.	Toulouse.	2.	
BARLEMONT.	Carabiniers.	12.	
AUNOY.	Carabiniers.	4.	
A PONT & AYMERIES.	Villeroy.	2.	Ils prenoient le pain à Maubeuge.
	Du Maine.	2.	
	Bourbon.	2.	
	Chartres.	2.	
BASSCHIN. Ces deux Régimens partirent le 30. pour Walcourt.	Mestre-de-Camp-Général.	3.	
	Rottembourg.	3.	
SAINT-REMY-MAL-BATI.	Bourgogne.	3.	
	Roïal Roussillon.	3.	

BUIS-

Noms des Villages.		Escadrons.	
BUISSIERE. BEAUFORT. DOURLERS. LIMON-FONTAINES.	Du Roi.	3.	Ils prenoient le pain à Maubeuge.
	Clermont.	3.	
	Rassent.	3.	
	Levy.	3.	
SAINT-AUBIN.	Pujols.	3.	Ils prenoient le pain à Avesnes.

Sur les ruisseaux de Beaumont & de Consolre.

BERCHELIES. HANTES. MONTIGNY-SAINT-CHRISTOPHLE. BOUSEGNIES.	Rohan.	2.	Ils prenoient le pain à Beaumont.
	Manderscheid.	3.	
	Dragons de la Reine.	3.	
	Dragons d'Asfeldt Etranger.	3.	
LUGNY. GRAND-RIEU. SOLRE-SAINT-GERY. RANSE. FAUBRECHIES. FORT-CHAPELLE.	Dragons de Sainte-Hermine.	3.	Ils prenoient le pain à Maubeuge.
	La Feuillade.	3.	
	Dragons de Fimarcon.	3.	
	Cossé.	2.	
	Dragons de Chantran.	3.	
	La Vallière.	3.	

Sur la Noire & la Blanche, près de Marienbourg.

	Fiennes.	3.	Ils prenoient le pain à Marienbourg.
	Lagny.	3.	
	Sailly.	3.	

1694. MAI.

Noms des Villages.		Escadrons.	
Sur le ruisseau de Cerfontaine.			
SENZELLE.	La Tournelle.	3.	Ils prenoient le pain à Philippe-ville.
SAUMOY.	Furstemberg.	2.	
CERFONTAINE.	Dragons.	3.	
SLENRIEU.	Saint-Lieu.	3.	

Sur les ruisseaux de Castillon & Clermont.

Noms des Villages.		Escadrons.	
CASTILLON.	Melun.	3.	Ils prenoient le pain à Beaumont.
CLERMONT.	Quadt.	3.	
STRE'ES.	Villequier.	2.	
MIERTENEN.	Dragons d'Avarey.	3.	
DONSTIENNE.	Colonel-Génér. de Dragons.	3.	
BASSE-VILLE DE THUIN.	Villiers.	3.	Ils prenoient le pain à Thuin.
COUILLE.	Cuirassiers.	3.	Ils prenoient le pain à Charleroy.
Aux ordres de M. de Guiscard.	Massot.	3.	

Infanterie sur le ruisseau de Ferriere-le-grand.

Noms des Villages.		Bataillons.	
ROISIERS.	Gardes Françoises.	3.	Ils prenoient le pain à Maubeuge.
REGUGNIES.	Gardes Suisses.	3.	

FER-

Noms des Villages.		Bataillons.	
FERRIERE LE GRAND.	Navarre.	3.	
	Vermandois.	2.	
	Bugey.	2.	
FERRIERE LE PETIT.	Reynold.	4.	
	Tulles.	1.	
CERFONTAINE.	Roïal Italien.	1.	
AUBRECHIES.	Montroux.	1.	
	Cavois.	1.	
	Cruſſol.	1.	
	Chartres.	1.	
	Lamarre.	1.	Ils prenoient le pain à Maubeuge.
DAMOISIES.	Greder Allemand.	2.	
	Lignieres, Milices.	1.	
	Stoppa Suiſſe.	2.	
	Blaiſois.	1.	
FLORESYES.	Surbeck.	3.	
	Monin.	1.	
	Greder Suiſſe.	1.	
ESCLEBES,	Piémont.	3.	
	Provence.	2.	
	Soiſſonnois.	1.	
	Bourbonnois.	2.	Ils prenoient le pain à la Buſſiere.
A HAM-SUR-HEURE.	Le Roi.	4.	A Marchienne au Pont.

Troupes ſous Charleroy.

A MONT-SUR-MARCHIENNE.	Stoppa.	2.
	Santerre.	1.

1694. MAI.

Noms des Villages.		Bataillons.
A MARCHIENNE AU PONT.	Humieres.	2.
	Angoumois.	1.
	Artois.	1.
	Languedoc.	2.
A MARCINELLE.	Toulouse.	2.
	Roïal Artillerie.	2.
A COUILLE'.	Greder Suisse.	3.
	Surbeck.	1.
	Monin.	1.
A BOUFLIOU.	La Compag. de Vigny.	0.
	La Marche.	1.

Troupes, qui, suivant les ordres de M. de Guiscard, devoient sortir de Namur pour garder la Meuse jusqu'à Charlemont.

Dauphin.	3.
Hainaut.	1.
Bombardiers.	1.
	5.

Total, infanterie 69. bataillons.

Troupes, cantonnées sur la Haisne.

CAVALERIE.

Cravates du Roi.	3. escadrons.
Dauphin.	3.

Or-

1694. MAI.

Orléans.	2.
Vaillac.	3.
La Beſſiere.	3.
Rocquepine.	3.
Imecourt.	3.
Aubeterre.	3.
	23. eſcadrons.

INFANTERIE.

Lyonnois.	2. bataillons.
Guiche.	2.
Roïal Rouſſillon.	2.
Surlauben.	2.
Gardes du Roi d'Angleterre.	2.
Roïal Danois.	2.
	12. bataillons.
Huſſards.	1. eſcadrons.
Première compagnie des Mouſquetaires.	1.
Seconde compagnie des Mouſquetaires.	1.
	3. eſcadrons.
Total général de la cavalerie & des Drag.	162. eſcadrons.
Total général de l'infanterie.	81. bataillons.

1694. MAI. Pour la sûreté du chemin de Maubeuge à Charleroy du côté d'entre Sambre & Meuse, on mit cinquante hommes à Rocq, cinquante à Marpent & autant près de Jeumont. Le quartier de Hantes plaça cinquante Maîtres en deux postes entre Hantes & la Bussiere; celui de Donstienne cinquante aux Fontaines hautes, cinquante à la Chapelle de Ragny, lesquels veilloient sur le bois d'Elcatoire, & vingt au pont de Bienne; ceux de Strées & de Clermont en poserent vingt-cinq dans la plaine près de Gouse, pareil nombre entre les trois Tilleuls d'Ham-sur-Heure, & la large voie faisant face au bois. Le Régiment du Roi infanterie, qui étoit à Ham-sur-Heure, mit soixante hommes en deux postes dans la large voie; celui de Mont-sur-Marchienne trente autres à Montigny-le-Tigneux.

Pour la sûreté du chemin de Maubeuge à Beaumont, & de Beaumont à philippeville, depuis le quartier de Cerfontaine jusqu'à Consolre, on distribua cent hommes sur le chemin en quatre postes. Le quartier de Berchelies posta vingt-cinq Maîtres en-deçà sur la hauteur de Consolre; celui de Lugny vingt-cinq sur celle entre ce village & Lugny. Les Dragons, cantonnés à Solre-Saint-Gery, en mirent vingt-cinq à l'entrée du bois de la Gayolle. Le quartier de Castillon rangea vingt-cinq Maîtres aux étangs qui se trouvoient de son côté à la sortie de ce bois; celui de Slenrieu même nombre à la cense de Nazareth, ou Bethlehem.

Pour la sûreté de Beaumont à Marienbourg, on établit vingt Dragons à l'entrée du bois du côté de Beaumont,

mont, dans le grand chemin de Chimay, regardant du côté d'Amblain; & les troupes, qui avoient leur cantonnement près de Marienbourg, eurent ordre de contribuer à la sûreté du chemin. 1694. MAI.

Mgr. le Dauphin, voulant mettre l'armée plus à portée d'arriver sur la Mehaigne, sans avoir rien à craindre de l'ennemi, en fit cantonner le 10. Juin une partie entre la rivière d'Heure & le ruisseau qui tombe à Auvelois; le reste campa à Chasselineau, à Gilly & à Farsienne, où ce Prince prit son quartier. JUIN.

SECOND CANTONNEMENT.

Ordre, observé par l'Armée en sortant de ses cantonnemens, soit pour en occuper d'autres entre la rivière d'Heure & le ruisseau à Auvelois, soit pour passer la Sambre & aller camper en front de bandière sur la rive gauche de cette rivière.

Le 10. Juin l'armée quitta ses quartiers. Les troupes, cantonnées le plus près de la rivière d'Heure, entrerent le même jour dans les lieux de leur destination; celles, qui étoient un peu plus en arrière, y vinrent le 11., & les plus éloignées y arriverent le 12. dans l'ordre suivant:

1694. JUIN.

Cavalerie près de Marienbourg.

Ils prirent le pain le 14. en passant à Chastelet, & envoierent à l'ordre à Achos.

Les Régimens de Fiennes, de Lagny & de Sailly, qui étoient auprès de Marienbourg aux ordres de M. de Gassion, partirent le 10. pour venir camper à Jamaigne & Emptine, le 11. à la cense de Mauve & sur la montagne de Fosse.

Cavalerie près de Philippeville.

Ils prirent le pain le 13. à Chastelet, & l'ordre à Ogny.

Le Régiment de la Tournelle, qui étoit à Senzelle, & celui de Furstemberg à Soumoy, en sortirent le 10. pour se rendre au Roux.

Ils prirent le pain le 14. en passant à Chastelet, & l'ordre à Ogny.

Les Dragons de Caylus, qui étoient à Cerfontaine, en partirent le 10. pour aller à Vitrivaux.

Cavalerie sur les ruisseaux de Cerfontaine, Castillon, Beaumont & Consolre.

Il prit le pain le 13. à Philippeville, & l'ordre à Presle.

Melun, qui étoit à Castillon, marcha le 10. à Oré.

Ils prirent le pain le 14. à Chastelet, & l'ordre à Presle.

Quadt, qui étoit à Clermont, & Villequier à Strées, se porterent le 10. à Bienne-Colonoise.

Le

Il prit le pain le 13. à Chastelet, & l'ordre à Presle. { Le Colonel-Général, qui étoit à Donstienne, s'en fut le 10. à Gogny.

Ils prirent le pain le 13. à Philippeville, & l'ordre à Achos. { La Vallière, qui étoit à Froid-Chapelle, & les Dragons de Chantran, qui cantonnoient à Faubrechies, se mirent en marche le 10. pour Moriamé.

Ils prirent le pain le 13. à Chastelet, & l'ordre à Presle. { Le Mestre-de-Camp & Rottembourg, en cantonnement à Valcourt, allerent le 10. à Presle & à Sart-Eustache.

Il prit le pain le 13. à Philippeville, & l'ordre à Achos. { La Feuillade, qui étoit à Ranse, alla le 10. se rendre à Frere.

Ils prirent le pain le 13. à Charleroy, & l'ordre à Achos. { Les Dragons de Fimarçon, en quartier à Solre-Saint-Gery, prirent le 10. la route de Villers-Potterie.

Ils prirent le pain le 14. en passant à Charleroy. { Les Dragons de Sainte-Hermine, qui étoient à Lugny, marcherent le 10. à Fromié.

Ils prirent le pain le 14. en passant à Charleroy, & l'ordre à Achos. { Les Dragons d'Asfeld, cantonnés à Bousegnies, se porterent le 10. à Hemie.

Ils prirent le pain le 14. en passant à Charleroy, & l'ordre à Chasselineau. { Les Dragons de la Reine, qui cantonnoient à Montigny-Saint-Christophle, s'en furent le 10. à Hensinelle.

Il prit le pain le 13. à Charleroy, & l'ordre à Achos. { Manderscheidt, qui avoit son quartier à Hantes, alla le 10. à Achos.

Il prit le pain le 14. à Charleroy, & l'ordre à Achos. { Cossé, qui étoit à Grand-rieu, marcha le 10. à Hensin.

Il prit le pain le 13. à Charleroy, & l'ordre à Achos. { Rohan, en cantonnement à Berchelies, alla le 10. à Joncre.

1694.
JUIN.

Ils prirent le pain le 13. à Chastelet, & l'ordre à Chasselineau. — Villiers, qui étoit à la basse-ville de Thuin, & les Cuirassiers, qui cantonnoient à Couillé, partirent le 11. pour arriver à Montigny-sur-Sambre.

Ils prirent le pain le 13. à Chastelet, & l'ordre à Chasselineau. — Saint-Lieu, qui étoit à Slenrieu, & les Dragons d'Avarey, qui avoient leur quartier à Miertenen, allerent le 11. passer la Sambre à Chastelet pour camper à la tête de Chasselineau.

Ils prirent le pain à Chastelet, & l'ordre à Chasselineau. — Les Mousquetaires, repartis à Solre-sur-Sambre, en sortirent le 10. pour gagner Bersée, & passerent le 11. la Sambre à Chastelet pour aller camper à la tête de Farsienne.

Infanterie près de Maubeuge, sur le ruisseau de Ferriere-le-grand.

Ils prirent le pain à Chastelet, & l'ordre à Chasselineau. — Les Gardes Françoises, qui étoient à Roisies, & les Gardes Suisses à Erghegnies, s'en furent le 10. camper à Housé, prirent le 11. le chemin de Ham-sur-Heure, & passerent la Sambre à Chastelet pour aller camper à la tête du château de Farsienne.

Elle prit le pain le 13. à Chastelet, & l'ordre à Chasselineau. — L'infanterie, cantonnée à Ferriere-le-grand, à Ferriere-le-petit & à Cerfontaine, alla le 10. camper à Marbay, & passa le 11. à Ham-sur-Heure.

Cel-

1694. JUIN.

Elle prit le pain le 13. à Marchienne au Pont, & l'ordre à Chasselineau.

Celle, qui sortoit de Ferriere-le-grand, resta à Bouflion; celle de Ferriere-le-petit & de Cerfontaine se tint à Couillé & à Marcinelle.

Elle prit le pain le 13. à Marchienne au Pont, & l'ordre à Chasselineau.

L'infanterie, qui étoit à Aubrechies, alla le 10. camper à Tully, & passa le 11. par la large voïe pour gagner Marchienne au pont.

Elle prit le pain le 13. à Marchienne au Pont, & y envoia à l'ordre.

L'infanterie, qui cantonnoit à Damoisies, se porta le 10. à Donstienne, & passa le 11. par la large voïe pour se rendre à Mont-sur-Marchienne.

Elle prit le pain le 13. à Marchienne au Pont.

L'infanterie, en quartier à Floresies, alla le 10. camper à Strées, & se rendit le 11. à Jamignon.

Elle prit le pain à Marchienne au Pont, & y envoia à l'ordre.

L'infanterie, cantonnée à Esclebes, s'en fut le 10. passer à Ferriere-le-grand, de là à l'Abbaye de la Thur pour camper à Strées, & arriva le 11. à Montigny-le-Tigneux.

Elle prit le pain le 13. à Charleroy, & l'ordre à Chasselineau.

L'infanterie, qui étoit à la Buissiere, en partit le 11. pour passer la Sambre à Charleroy, & se rendre à la tête de Montigny-le-Tigneux, où elle campa.

Le Régiment du Roi, à Ham-sur-Heure, prit le pain le 13. à Marchienne au Pont, & y envoia à l'ordre.

1694. JUIN.

Ils prirent le pain le 13. à Charleroy, & l'ordre à Chaffelineau.

Toute l'infanterie, qui étoit sous Charleroy, partit le 11. pour traverser la Sambre. Les quartiers de Marchienne au Pont & de Mont-sur-Marchienne passerent à Charleroy pour aller camper à la tête du village de Montigny.

Ils prirent le pain le 13. à Chastelet, & l'ordre à Chaffelineau.

Ceux de Marcinelle, Couillé, Bouffiou & Chastelet passerent au pont de ce dernier village pour camper à la tête de celui de Chaffelineau.

Ils prirent le pain le 13. à Chastelet, & l'ordre à Chaffelineau.

Les trois bataillons du Régiment Dauphin, celui de Hainaut & les Bombardiers, le Régiment de cavalerie de Maffot avec l'escadron des Hussards partirent de Namur le 11. pour venir passer la Sambre au pont de Farsienne, & camper à la tête du château de ce nom.

Cavalerie, depuis Maubeuge jusqu'à Marolles.

Les Gardes du Roi, les Gendarmes, les Chevaux-Legers & les Grénadiers du Roi sortirent de leur quartier le 10., suivirent le chemin de Maubeuge, laisserent la ville à gauche, passerent au pont Lisle & allerent camper à vieux Reng & grand Reng. Le 11. ils repasserent la Sambre en-dedans de la ligne à Jeumont pour venir camper à Gouse & à Marbay. Le 12. ils marcherent

rent à Ham-sur-Heure pour traverser la Sambre à Chastelet, au pont de Montigny, & se rendre à Farsienne. 1694. JUIN.

Les Carabiniers, quittant le 10. leur quartier, se porterent au vieux Maisnil, marcherent par la gauche de ce village à neuf-Maisnil, à Dousy & au pont Allant, d'où ils s'en furent camper aux villages de Mairieux & d'Ellesmes. Le 11. ils traverserent la Sambre à Marpent, tinrent Jeumont à gauche pour arriver à l'Abbaye de la Thur & à Montigny-Saint-Christophle, d'où ils allerent camper à Court & à Bersée. Le 12. ils passerent la riviére d'Heure à leurs quartiers, se rendirent à Gerpine, de là à Auvelois & à Faljolle.

Toulouse, qui cantonnoit à Sassegnies, Villeroy; Berry & Bourbon, qui étoient à Pont & à Aymeries, vinrent le 10. camper à Roisies & à Erghegnies, le 11. à Strées, & le 12. Toulouse & Villeroy marcherent à Chastre; Bourbon & Berry à Ferioul.

Le Maine & Chartres partirent le 10. de Pont & d'Aymeries, passerent au vieux Maisnil qu'ils tinrent à gauche, ensuite au neuf Maisnil, à Dousy, au pont Allant & à Boussu. Le 11 ils passerent la Sambre à Marpent, marcherent de là à l'Abbaye de la Thur, à Montigny-Saint-Christophle & à Donstienne. Le 12. ils traverserent la riviére d'Heure à Bersée, & prirent sur Gerpine pour se rendre au village d'Achos.

Clermont, en quartier à Beaufort, & Levy, qui étoit à Limon & à Fontaine, gagnerent le 10. Lugny, le 11. Valcourt, & Gerpine le 12.

Rassent, cantonné à Dourlers, & Pujols, en quartier à Saint-Aubin, allerent le 10. à Bousegnies & à Rugny;

1694. JUIN. ny, le 11. à Pry, le 12. à Tarsienne & à la Herée.

Le Régiment du Roi cavalerie, qui étoit à Buissiere, fit partir le 10. un escadron pour escorter le trésor & les équipages de M. de Luxembourg, lesquels se trouvoient au quartier de Fegnies. Le trésor alla loger le même jour au village de Bersée, & le lendemain à Chasselineau.

Les Régimens Roial-Roussillon & Bourgogne, cantonnés à Saint-Remy-mal-bâti, arriverent le 10. à Solre-sur-Sambre, le 11. à Gourdine & à Sombezé.

La Maison de Mgr. le Dauphin & ses équipages se mirent en marche le 10. Ils traverserent la Sambre à Jeumont, & arriverent à Ragny. Le 11. ils passerent au pont de Tully, prirent le chemin d'Ham-sur-Heure pour aller repasser la Sambre à Chastelet, & pour se rendre de là au château de Farsienne, où fut le quartier de Mgr. le Dauphin.

Les équipages des Princes suivirent la même route, & vinrent loger au village de Bersée près de Thuin, d'où ils passerent la Sambre à Chastelet, & se rendirent le 11. à Chasselineau, où fut leur quartier.

Avant le départ des troupes, on renouvella les défenses qui leur avoient été faites précédemment & on eut soin de tenir la main à ce qu'elles fussent exécutées. Ceux, qui les commandoient, prirent garde qu'en marchant, elles & leurs bagages n'entrassent dans les bleds, & que les unes & les autres suivissent exactement les chemins.

En quittant son quartier, chaque troupe y laissa des Officiers avec une garde, laquelle devoit y rester jusqu'à trois ou quatre heures de l'après-midi pour empêcher le desordre. Les Commandans envoierent aussi par précau-

tion

tion dans les villages sur la droite & sur la gauche de leur marche, avec ordre d'arrêter ceux qui se rendroient coupables de quelque excès, soit qu'ils appartinssent à leur corps, ou à quelque autre que ce fût.

1694. JUIN.

On arrêta que les réglemens, prescrits dans les anciens quartiers, seroient pratiqués dans les nouveaux, & qu'on auroit à vivre dans ceux-ci comme on avoit vécu dans ceux-là. Il y eut une exception pour les troupes qui gîteroient au-delà de la Sambre. On leur permit de fourrager, mais seulement dans les endroits qui leur seroient indiqués, & après qu'elles auroient suffisamment pourvû à la sûreté des fourrageurs, en postant les escortes nécessaires.

Le Prince d'Orange & l'Electeur de Bavière devoient former trois Corps d'armée dans les Pays-Bas, l'un sur la Dyle, l'autre sur la Meuse, & le troisième près de Gand. Ils ne furent pas plûtôt avertis que Mgr. le Dauphin avoit distribué son armée dans des quartiers de fourrage, qu'à son imitation ils firent cantonner la plus grande partie de leurs troupes. Ils mirent Louvain à leur droite, Leeuwe à leur gauche, & répandirent leur cavalerie sur la Dyle, le Demer & la Geete. Peu de jours après, ils envoierent leur infanterie camper à Tourine, Beauvechin & Orbais, afin d'en assûrer la tête. Mgr. le Dauphin, craignant que par hazard il ne fût prévenu dans les postes qu'il comptoit prendre, songea dès lors à rassembler son monde à Gemblours. Le Corps, qui étoit sur la Haisne, avoit campé le 10. près de Mons, d'où, avec l'artillerie qui s'y étoit rendue de Dou-

1694. JUIN. Douay, dirigeant sa marche par Binch & par Courcelles sur le Piéton, il étoit venu camper le 14. à Heppeny sous les ordres de M. le Maréchal de Villeroy. D'un autre côté les troupes, qui se trouvoient à portée de Farsienne, se mirent en mouvement pour aller successivement camper de là à Ham-sur-Sambre & à Gilly, voici dans quel ordre:

On fit descendre au village de Ham le pont qu'on avoit fait à Farsienne.

Les troupes, sur le ruisseau de Fosse & à Auvelois; c'est-à-dire les quartiers d'Auvelois, Faljolle, Achos, le Roux, Vitrivaux, Mont-Fosse, Fosse & Dojon, marcherent le 14. aux ordres de M. le Duc du Maine, pour se rendre au village de Ham-sur-Sambre, où elles camperent.

Les Régimens, qui étoient dans ces quartiers, & qui devoient le 14. prendre le pain en passant à Chastelet, le prirent le même jour à leur arrivée au pont de Ham.

Ceux, sur le ruisseau de Presle qui tombe auprès de l'Abbaye d'Ogny, passerent au pont de Chastelet, d'où ils se rendirent à Gilly, l'endroit de leur camp. Cette colonne étoit composée des quartiers de Presle, de Sart-Eustache, de Gogny, d'Oré & de Bienne Colonoise.

Ceux, sur le ruisseau de Gerpinne & aux environs, qui étoient les quartiers de Gerpinne, d'Achos, de Villers-Potterie, de Frere, Tarsienne, la Herée & Joncré, vinrent passer au pont de Montigny-sur-Sambre, d'où ils allerent gagner Gilly, où fut leur camp.

Ceux, en quartier à Yves, à Dausois ou Dacheu, Chas-

Chastre, Ferioul, Hensin, Hensinelle, Fromié, Esmies, Gourdine & Sombezé, s'en furent passer au pont de Charleroy pour se rendre à Gilly, où fut leur camp. 1694. JUIN.

L'infanterie, qui étoit à Bousliou, à Louvernal & à Couillé, passa au pont de Montigny-sur-Sambre, & vint se rendre à Gilly, où fut le camp.

Celle, repartie à Marchienne au pont, Montigny-le-Tigneux, Jamignon & Ham-sur-Heure, traversa la Sambre à Marchienne au Pont, & le Piéton au moulin de Darmay, d'où elle arriva à Gilly, où fut son camp.

Toutes les troupes marcherent le 15. pour aller de Ham à Farsienne, de là à Gilly, & d'Heppeny à Gemblours. La marche se fit sur six colonnes, & dans l'ordre suivant:

Marche de Farsienne à Gemblours.

Le boute-selle & la générale au petit jour; à cheval & l'assemblée une heure après.

Les troupes de Ham eurent la colonne de la droite. Elles passérent entre Moustier & Froidmont pour gagner Spy, qu'elles laisserent à droite, & Millemont à gauche.

Celles, qui devoient composer l'aîle droite, mirent Golzenne à leur gauche pour arriver à Fero. Elles traverserent le bois, tinrent Gemblours à gauche, & passerent à la Posterie, d'où elles joignirent la droite du camp.

Celles, qui devoient former l'aîle gauche, s'en furent au pont du Masy, & de là à Conroy, où fut le camp.

La seconde colonne fut pour les troupes campées à Saint-François & à Farsienne, lesquelles prirent le chemin

1694. JUIN. min de Saint-François aux Wanages, & suivirent une ouverture faite exprès, laissant les Wanages & l'autre colonne à gauche. De là elles marcherent par la gauche de Lambusart à Wanne-fersée & à Saint-Martin-Balastre, où l'infanterie traversa le pont, tandis que la cavalerie & les bagages passerent au gué. Cette colonne, tenant ensuite Botey à droite & Tongrenelle à gauche, se porta à Conroy, où fut la gauche du camp.

La troisième colonne fut pour les troupes campées à Chasselineau & Montigny-sur-Sambre. Elles enfilerent le chemin qui traverse les Wanages, les laisserent à droite, ainsi que l'autre colonne qui passoit au même endroit, pour aller à Lambusart. De là, Boulé à droite, elles s'en furent à la cense du Fayé, marcherent à travers champs droit à Tongrenelle, puis tenant Conroy à droite & le bois d'Elpesch à gauche, elles arriverent dans le camp.

L'infanterie, campée à Gilly, prit le chemin de Ramsart, laissa Wangenies à droite, tint à gauche l'artillerie qui venoit d'Heppeny, arriva à Saint-Amand, & de là au pont de Sombreff, qu'elle mit aussi à gauche. Ensuite elle continua sa marche par la cense Monty, d'où les troupes de la gauche se trouverent dans leur camp, & celles de la droite allerent par la gauche de Bertinchamp camper à Sauvenelle.

La cavalerie, campée à Gilly, marcha entre cette colonne & l'artillerie qui étoit à Heppeny, qu'elle tint toujours sur sa gauche.

Cette artillerie & les troupes qui campoient au même endroit sous les ordres de M. le Maréchal de Villeroy & de M. de Montrevel, laisserent les censes de Chesseaux

seaux à gauche, marcherent à hauteur des trois Burettes, 1694.
où elles prirent la chaussée, & la suivirent jusque dans JUIN.
le camp.

M. de Montrevel, qui avoit ordre de laisser deux cens chevaux à la hauteur de Marbay, les partagea en deux troupes, dont l'une se tint sur le grand chemin de Namur à Bruxelles, & l'autre entre le bois de Sombreff & Marbay. Ce détachement ne rentra dans le camp que lorsque tous les bagages eurent défilé, & ceux-ci ne chargerent qu'après le départ de toutes les colonnes, dont ils prirent la queuë.

Les équipages de Mgr. le Dauphin & de son quartier suivirent la colonne des troupes qui alloient à Saint-François, & les bagages de Chasselineau marcherent à la suite de la colonne qui passoit à la Justice & aux Wanages.

Cinquante chevaux & cinquante Dragons précéderent la cassette & les carosses de Mgr. le Dauphin, dont les gros bagages furent escortés par cent fantassins, & les mulets par cinquante hommes.

Il y eut cinquante Maîtres à la tête du trésor, cent hommes de pied avec les équipages qui étoient au quartier de Chasselineau, & cinquante autres à la queuë de chaque colonne de bagages.

On envoia cent chevaux à l'Epinette de Gosseliers, lesquels y demeurerent jusque vers les quatre heures après-midi, & ne revinrent au camp qu'après que tous les bagages furent passés.

Tous les postes d'infanterie, qui étoient dans les bois & à la tête du camp, eurent ordre de s'y tenir pour faire l'arrière-garde des bagages, lesquels passerent auprès de leur poste.

1694. JUIN.

A la générale, les campemens avec les nouvelles Gardes s'assemblerent à la tête du Régiment d'Avarey & de celui de Villiers. Outre ces Gardes, on commanda cent chevaux & cinquante Dragons, qui allerent avec le campement former l'enceinte du fourrage que l'armée avoit à faire entre l'Orneau, les bois à la droite du camp, le ruisseau qui vient de Lerine à Nielle-Pirus, & celui qui de Bertinchamp va tomber au même endroit. L'enceinte du fourrage devoit se terminer au ruisseau de Sombreff, qui se mêle près de Pont avec celui de Ligny, lequel se décharge dans l'Orneau au-dessous du Masy. Douze cens fantassins furent commandés, tant pour l'enceinte du fourrage que pour l'enceinte du camp. Une heure avant le jour, ils se rendirent à la tête de Chasselineau, y joignirent le Régiment de Villiers, & prirent le chemin des Wanages, où ils se partagerent en deux troupes. Le Colonel, à qui on avoit ordonné de garnir la queuë & une partie des flancs du camp, alla des Wanages à Wanne-fersée, de là à Saint-Martin-Balastre, où il laissa quarante hommes, & en envoia quarante autres au Masy. Ensuite il passa au moulin de Gemblours, posta cinquante hommes à l'ouverture du bois qui va à Fero, cinquante à Argenton, trente à Liroup, soixante au petit Lez, trente au petit Masnil, cent en deux postes près des cinq Etoiles, cinquante au petit bois qui étoit au flanc de la ligne, trente à Sart-à-Walhem, soixante à l'Abbaye de Lerine, autant à Tourine-les-Ourdons & Sart-Saint-Lambert.

Le Brigadier, en partant des Wanages avec la moitié du détachement, enfila le chemin qui mene à Pont, d'où

d'où il envoia soixante hommes à Tongrene & Tongre- 1694. JUIN.
nelle, même nombre à l'Eglise & au château de Sombreff, cent en deux postes aux bois de ce nom, trente au pont de Bertinchamp, trente à Schernage, cinquante à Noiremont, quarante à Chausse-les-Dames, quarante à Chaumont, soixante-&-dix à Nielle-Pirus, soixante à Nielle-Saint-Vincent & Nielle-Saint-Martin, & autant à Saint-Paul & Walhem.

Ceux, qui posterent ces détachemens, eurent ordre d'examiner si ces postes n'avoient rien à craindre. Ils pouvoient les augmenter, selon qu'ils jugeroient à propos, & devoient sur-tout leur marquer des endroits sûrs, où ils pussent se retirer pendant la nuit.

En arrivant à Gemblours, les troupes camperent conformément à l'ordre de bataille qu'on en avoit formé. Elles eurent leur gauche à Conroy, leur droite entre Sauvenelle & la grande chaussée. Le quartier de Mgr. le Dauphin fut à Gemblours.

Ce Prince détacha cinq cens chevaux pour apprendre des nouvelles des ennemis. Le 16. il fit la revûe de toutes ses troupes, & comme il se proposoit de camper entre Liége & l'armée des Alliés, la sienne se mit le 18. en marche pour Jandrain.

Cette marche se fit sur cinq colonnes. Celle de la droite fut pour les gros équipages, lesquels s'assemblerent au-delà de Gemblours, à la tête des Gardes, campés derrière le quartier de Mgr. le Dauphin. Cette colonne se porta au petit Lez, prit de là par la bruyère, & laissant Liernue à droite, elle suivit le chemin qui mene à As-

Marche de Gemblours à Jandrain.

1694. JUIN. Asche, qu'elle tint aussi du même côté. Ensuite elle traversa les champs, mit Neuville à sa droite, passa sur le pont du marais de Taviers pour gagner Boneff, & vint par la droite de ce village se rendre entre Mierdaux & Ramillies, où elle se trouva dans la plaine du camp.

La seconde colonne fut pour tous les menus bagages, qui s'assemblerent entre la Posterie & Gemblours. Cette colonne marcha de grand Lez à Asche, mit la colonne des gros bagages à sa droite, passa le marais de Neuville à la tête du village, & côtoïa ensuite l'artillerie, qu'elle tint à gauche jusqu'à son arrivée au camp.

L'artillerie, suivie des vivres, eut la troisième colonne, laquelle laissa toujours les troupes à sa gauche. Elle alla gagner la grande chaussée à la tête de son parc, & la suivit jusqu'à l'endroit où on lui avoit marqué de la quitter. Alors pliant à droite, elle reprit la chaussée près des cinq Etoiles, après l'avoir longée jusqu'au bout du bois, la mit ensuite à sa gauche, marcha à travers champs, rentra dans la chaussée près du petit bois Thiry, la tint jusqu'auprès de la tombe d'Ottomont, où elle la laissa à gauche, & le marais de Taviers à droite. De là elle s'en fut regagner la chaussée à travers champs, & lorsque les deux colonnes des troupes là quitterent, elle suivit celle qu'elle avoit à sa gauche. La première charette de cette colonne avança toujours à hauteur du premier escadron, & eut ordre de marcher en même tems que les troupes.

La quatrième & la cinquième colonnes furent pour les deux lignes, tant cavalerie qu'infanterie, lesquelles, dès qu'on eut sonné à cheval & battu l'assemblée, mar-

che-

cherent de front devant elles, & allerent se mettre en bataille au-delà de la chaussée; la première ligne à deux cens pas du pavé. Les Officiers-Généraux firent faire ce mouvement en même tems & avec beaucoup de justesse.

L'aîle gauche de cavalerie ne l'exécuta point; elle ne se mit en marche que lorsque la queuë de l'infanterie fut à hauteur de Sauvenelle. Marchant alors par sa droite & dans l'ordre où elle étoit campée, elle prit la queuë des deux lignes de l'infanterie. Lorsque l'aîle droite & toute l'infanterie eurent fait ce mouvement en avant, tant pour laisser le chemin à l'artillerie, que pour éviter les marais du camp, les troupes firent un quart de conversion à droite; la cavalerie par escadrons; l'infanterie par manches. Les deux lignes, formant chacune une colonne, marcherent ensemble dans cet ordre & à même hauteur, traverserent la chaussée près du bois du Bus, tinrent l'artillerie à leur droite & la chaussée à leur gauche, suivirent les ouvertures qu'on leur avoit faites pour traverser de nouveau la chaussée à hauteur des cinq Etoiles, & la mirent à leur droite. L'artillerie reprit le pavé dès qu'il fut libre, & les troupes, marchant à travers champs, tinrent la chaussée à leur droite jusqu'à la sortie du bois, où la colonne de la droite la traversa, aïant l'artillerie à sa droite. La colonne de la gauche, qui eut toujours la chaussée de ce côté-là, alla avec l'autre en plaine jusqu'à la tombe d'Ottomont, qu'elles laisserent entre elles deux, & Ramillies à gauche pour entrer dans leur camp.

Les deux Régimens de Dragons, campés derrière le quartier général, marcherent avec les deux colonnes de ba-

1694. JUIN. bagages, à la tête desquelles ils placerent un escadron, un au milieu & l'autre à la queuë. Les Dragons de la droite mirent cent des leurs, munis d'outils, à la tête de chaque colonne, & marcherent avec la première & la seconde ligne; ceux, qui campoient au quartier général, en firent autant. Tous les postes à la tête du camp furent relevés le soir, à la réserve de celui du Masy. Les autres postes à la queuë du camp & au flanc droit y demeurerent, jusqu'à ce que tous les bagages aiant défilé, ils suivirent & en firent l'arrière-garde.

Non seulement on garnit exactement les bois derrière le camp; on établit même plusieurs postes entre celui qu'on avoit mis à l'entrée du bois de Fero & le Masy. Trente hommes occuperent la trouée du côté de Saint-Denys, & trois cens autres acheverent de border le bois en-deçà, lequel se trouva enveloppé, depuis l'Abbaye d'Argenton jusqu'à la grande chaussée, au moïen d'un pareil nombre de trois cens hommes, qui, passant par cette Abbaye, coulerent le long du bois, & le tinrent à gauche jusqu'à ce qu'ils eussent joint le pavé. L'Officier, qui les commandoit, forma des postes de distance en distance, dont un à Liernue, & un à Asche. Les chemins du grand Lez au dernier de ces deux villages & du petit Lez à travers du bois furent aussi gardés, chacun par trois cens hommes. Le Maréchal-de-Camp de jour posta cent fantassins à l'ouverture du bois du Bus & de Perwez, entre lequel & Jennevaux cinquante Maîtres allerent, en passant au petit Lez, se mettre dans la plaine, où ils resterent jusqu'à ce que tous les bagages eussent marché plus avant.

Ou-

Outtre les vieilles Gardes, on laissa cent Dragons auprès de Conroy, qui n'en partirent qu'après que tous les équipages eurent dépassé Gemblours. Alors ils traverserent la rivière au-delà de cette ville avec toutes les vieilles Gardes, lesquelles se partagerent également pour faire l'arrière-garde des deux colonnes de bagages. 1694. JUIN.

M. le Duc du Maine détacha deux cens chevaux & cent Dragons de son aîle, qu'il envoïa du côté de Tourine-les-Ourdons. Ils y resterent deux heures après que le camp fut vuide, & prirent la queuë des deux colonnes des troupes.

On commanda cinquante Dragons, pourvûs d'outils, pour marcher à la tête de la cassette de Mgr. le Dauphin, & cinquante autres à la tête des menus équipages, auxquels ils furent chargés de faire observer leur ordre & suivre la marche. Chaque Brigade d'infanterie mit cinquante hommes à ses équipages, & chaque Brigade de cavalerie vingt-cinq Maîtres aux siens. Tous les gros bagages eurent leur rendez-vous du côté de Gemblours, où étoit campée la Brigade des Gardes. Ceux de la gauche traverserent le ruisseau à la gauche de cette place; ceux de la droite la mirent de l'autre côté, & tous les menus bagages passerent le ruisseau entre la même place & la Posterie. On posa une garde, de crainte que les uns ou les autres bagages, en prenant leur route par Gemblours, ne causassent de l'embarras.

Ceux de Mgr. le Dauphin & du quartier général eurent la tête de la colonne des gros & des menus équipages, lesquels défilerent par la droite, en commençant par la première ligne, dans l'ordre où les troupes étoient cam-

1694. JUIN. campées. Ils furent suivis des bagages de l'infanterie & de ceux de l'aîle gauche dans le même ordre.

A une heure après minuit, quatre cens chevaux & deux cens Dragons se rendirent à la tête de Noailles. On commanda aussi huit cens hommes pour le campement.

Pendant la marche, M. le Duc du Maine envoia cent Carabiniers, cent Maîtres de la Maison du Roi & cent Dragons entre les deux Geetes du côté de Molembais, d'où ils détacherent deux petits partis vers la hauteur de Goussancourt, près de Tirlemont. Ces troupes eurent ordre de se retirer par Jauche.

A la générale, le campement s'assembla à la tête de Noailles. Dès l'arrivée au camp, il y eut défense de fourrager, ni au-delà de la Mehaigne, ni au-delà de la Jausse ou petite Geete. Le fourrage se fit entre les deux rivières, fermé à la droite par le ruisseau d'Elchise, & à la gauche depuis le grand Rosier jusqu'à la Mehaigne.

L'armée campa sur deux lignes, la droite appuiée à Thine le long du ruisseau, près de Hannut; la gauche à Jauche vis-à-vis du ruisseau de ce nom, le quartier de Mgr. le Dauphin à Jandrain.

Dans la crainte que les ennemis n'eussent envie d'entreprendre sur l'armée, Mgr. le Dauphin manda à M. le Maréchal de Boufflers de passer la Meuse & de se mettre à portée de le joindre à Jandrain. En conséquence de cet ordre, le Maréchal, s'étant mis en marche le 16., vint camper à l'Abbaye de Jeronsart, près de Namur, en partit le 17., & repassa la Meuse sous Huy, où il appui-

puia sa gauche à cette rivière près du fauxbourg de Stat, 1694.
& sa droite à la Mehaigne près de l'Abbaye du Val- JUIN.
Notre-Dame. En même tems M. d'Harcourt reçut ordre de s'avancer dans le pays ennemi, à dessein d'y attirer une partie des troupes qui formoient un camp à Viset. De Diekrick, où il avoit le sien, il devoit prendre par la tête de la rivière d'Ahr, & marcher ensuite vers Bonn ou Coblentz. Le 18. il s'éloigna de la Meuse pour s'approcher des frontières de l'Allemagne, s'arrêta du côté de Stadkill & de Kerpen, tira ses vivres de Mont-Roïal, & poussa des partis jusqu'au Rhin.

Mgr. le Dauphin, instruit que les Alliés avoient marché par leur gauche vers Tirlemont, résolut de son côté de marcher à Montenacken & à Cortis. Il craignoit d'être inquiété par les troupes qui étoient dans Liége, il fit savoir à M. de Boufflers qu'il eût à se porter à Horion pour les tenir en bride. Informé en second lieu que les ennemis avoient avancé leur gauche vers Oplinter & Neerlinter, il appréhenda encore qu'en passant la Geete, ils ne le frustrassent des fourrages entre cette rivière & le Jaar. Ainsi, au-lieu de Montenacken, il fut décidé que l'armée iroit à Saint-Tron. Cette marche se fit sur dix colonnes & dans l'ordre suivant:

Marche de Jandrain à Saint-Tron.

Aussi-tôt qu'on eut sonné à cheval & battu l'assemblée, la seconde ligne de l'aîle droite de cavalerie, qui étoit éloignée de la première, marcha de front devant elle jusqu'à la distance de six cens pas, afin de faire place aux lignes, lesquelles doublerent derrière elle pour marcher sur sa droite.

1694. JUIN. Les deux lignes de l'aîle droite d'infanterie, marchant toutes deux par le flanc droit, laisserent les deux lignes de cavalerie à leur gauche, & vinrent par manches se mettre en colonne; les premiers bataillons à même hauteur que les premiers escadrons de cette aîle, & à quatre cens pas de distance.

Les deux lignes de l'aîle gauche d'infanterie marcherent de même par leur droite. Les Gardes aiant la tête de la gauche de la première ligne, & Surbeck la tête de la seconde, elles vinrent par manches, en même tems qu'elles tenoient les deux lignes de la droite d'infanterie à leur gauche, se mettre en colonne à égale hauteur, à trois cens pas des autres.

La cavalerie des deux lignes de la gauche laissa faire tout ce mouvement à l'infanterie, jusqu'à ce qu'aiant passé tous les ravins, elle fût sur le point d'arriver à hauteur de Thine. Alors, dès qu'elle vit que tous les bagages de la gauche eurent aussi passé le quartier général, elle marcha par sa droite dans l'ordre où elle étoit campée.

Chaque ligne de cette aîle, formant sa colonne, laissa le quartier général à cinq cens pas sur la gauche, & le parc de l'artillerie à sa droite pour venir à hauteur de Thine se mettre en colonnes à quarante pas de celle de l'infanterie & à même hauteur. A mesure que marcherent les colonnes de la gauche, elle avança autant qu'elle put, & se tint toujours à même hauteur.

L'artillerie, aiant eu ordre de marcher, partit sur plusieurs colonnes & alla près de Mierdaux, qu'elle laissa à droite, & où elle doubla. Tous les bagages s'assem-

blerent

blerent auprès de ce village, en laissant l'artillerie à leur gauche. 1694. JUIN.

La cassette & les carosses de Mgr. le Dauphin eurent la tête de la colonne des gros bagages, ensuite succéderent le trésor & les bagages du quartier général, suivis de ceux de l'aîle droite, de ceux de l'infanterie & de l'aîle gauche, en commençant, comme l'autre, par la seconde ligne. Les menus équipages marcherent sur la droite des gros, & observerent le même ordre.

Les Dragons de Chantran marcherent avec les gros équipages, ceux de Caylus avec les menus, à la tête desquels ils mirent un escadron, un au milieu & un à la queuë. Les escadrons de la tête eurent des outils pour accommoder les chemins de la route des bagages. Ces deux Régimens allerent les attendre au village de Mierdaux, & envoierent seulement cinquante Dragons au parc de l'artillerie y prendre les bagages, qu'ils conduisirent à Mierdaux. Ils eurent soin d'empêcher que la tête des colonnes des bagages ne s'avançât plus que la tête de la colonne de l'artillerie qui étoit à leur gauche, & qui devoit se régler sur celles des troupes.

On défendit sous peine de la vie à tout charetier, à tout valet de quitter sa colonne & de s'écarter de l'ordre prescrit pour la marche. On fit aussi défense aux cavaliers, soldats & Dragons de s'éloigner de leur Régiment, sous quelque prétexte que ce fût. Les Régimens de Dragons de la gauche formerent l'arrière-garde de toutes les colonnes de bagages, & généralement de toute l'armée. De deux cens chevaux, qui furent commandés pour couvrir la marche des bagages sur la droite, cin-

1694. JUIN. quante allerent se poster à la hauteur de Branchon, cinquante à la tombe du Soleil, cinquante à celle d'Avesne, & cinquante entre Lens-les-Beguines & Saint-Serwalem.

L'armée étant dans cette disposition, toutes les colonnes se réglerent sur celle de la gauche où étoit Mgr. le Dauphin. Elles se maintinrent à même hauteur, & lorsque quelque village, ou quelque autre obstacle les empêchoit de la voir, elles marchoient de maniere qu'elles se trouvassent toujours à la hauteur de celle à la tête de laquelle marchoit Mgr. le Dauphin, ne s'éloignant que fort peu des colonnes de leur gauche. L'infanterie détacha cent hommes avec des outils à la tête de chacune de ses colonnes, & on mit cent Dragons à la tête de celles de cavalerie.

Les deux Régimens de Dragons, qui étoient au quartier de Jauche, allerent gagner la tête de l'aîle droite. Les vieilles Gardes firent l'arriere-garde, & les campemens demeurerent, chacun à la tête de sa colonne, d'où ils ne partirent que lorsqu'ils furent mandés.

Mgr. le Dauphin s'étant mis en marche, sa colonne, celles des troupes & de l'artillerie laisserent Thine à gauche & Blehen à droite, excepté les deux colonnes de bagages, qui tinrent à gauche le dernier de ces deux villages. Toutes les colonnes continuerent de marcher, en se regardant & en se réglant sur leur gauche. Celles des troupes & l'artillerie mirent à gauche Avernas, Putset & Trogny; au-lieu que les deux colonnes de bagages eurent Boulein à leur droite. Les six de la gauche laisflaisserent à droite le moulin de Trogny, & les quatre de la droite le tinrent du côté opposé. 1694. JUIN.

Les Dragons, qui escortoient les bagages, eurent soin de les arrêter pendant que les troupes firent halte. Lorsque Mgr. le Dauphin envoia l'ordre d'aller camper à Bruestein entre le ruisseau de Saint-Tron & celui de Milbienovenalst, M. le Duc du Maine détacha de son aîle gauche trois cens chevaux, qui couvrirent la marche des bagages sur la droite depuis Lens-les-Beguines, où étoit le dernier détachement, jusqu'au moulin de Quarem.

Toutes les colonnes poursuivirent leur marche en même tems. Les deux de la gauche laisserent Cortis à droite; toutes les autres le tinrent à gauche. De là les deux colonnes de la gauche passerent à Stractem & Kerkem; les quatre d'infanterie aux villages de Beringen, Meussen & Borlu. Les deux de la gauche se rendirent à petit Goye & grand Goye; celle de l'artillerie, prenant entre le ruisseau de Milen & celui de Saint-Tron ou Goye, alla à Milbienovenalst qu'elle laissa à droite. La colonne des bagages se porta d'Asseltbrouck à Milbienovenalst.

L'armée campa sur deux lignes, la droite près de la Justice de Saint-Tron, la gauche à Borlu, le ruisseau de Milbienovenalst derrière la droite & le centre. La gauche avoit à son flanc le ruisseau de Goye ou de Saint-Tron, qui couvroit tout le front de cette ligne jusqu'à cette ville, laquelle fut aussi couverte par la Brigade des Gardes & par celle de Bourbonnois. On y mit de l'infanterie, & on envoia des détachemens au bois de Rykel, aux villages d'Oordingen, Zepperen, Bruestein, Beringen,

1694. JUIN. gen, Kerkem, Meussen & Asseltbrouck. Il en vint aussi au flanc droit de la ligne pour garder le ruisseau de Milen jusqu'à Zepperen. Saint-Roch, Oppertinge & le château de Belingem furent de même garnis de troupes.

M. de Boufflers séjournoit toujours à Horion dans le voisinage de Liége, non sans risque d'y être attaqué, sans pouvoir être secouru. Mgr. le Dauphin lui ordonna de se rapprocher, d'appuier sa droite à Warem, & d'étendre sa gauche le long & vers la source du Jaar. Le Maréchal alla se poster entre cette rivière & la Meulle, aiant d'ailleurs un autre petit ruisseau fort marécageux vis-à-vis sa droite. Dans cette position, non seulement il étoit hors d'insulte; mais en état de protéger les convois que l'on tiroit de Huy. En effet, quoiqu'on eût fait camper deux bataillons à la tête du fauxbourg, situé sur la rive gauche de la Meuse, & dans lequel on avoit construit les fours; quoiqu'encore on eût laissé sous cette place un Régiment de cavalerie avec un autre de Dragons pour servir d'escorte aux vivres; quoiqu'enfin des détachemens de la grande armée escortassent les caissons depuis la tête du Jaar jusqu'au camp, néanmoins M. de Boufflers ne laissoit pas que d'envoier entre le sien & la ville les troupes qu'il croioit nécessaires pour leur sûreté. L'armée de Mgr. le Dauphin consommoit journellement 110950. rations de pain, y compris 9800. rations pour l'extraordinaire; le Corps de M. le Maréchal de Boufflers, 17500. rations; & celui de M. de la Valette jusqu'à 11000. rations par jour.

L'ar-

L'armée des ennemis se montoit à quatre-vingt-trois bataillons, non comprise l'infanterie du camp retranché de Liége, laquelle consistoit en quatorze bataillons des troupes de Brandebourg, vingt bataillons Hollandois, & six autres à la solde du Prince de Liége. Outre ce grand nombre de bataillons, ceux de l'armée des Alliés, à les prendre sur le pied effectif, étoient plus forts que ceux de l'armée Françoise. Leur cavalerie, en comptant six Régimens de Dragons & trois de cavalerie qui étoient dans Liége, alloit à deux cens cinquante-cinq escadrons. Des forces aussi considérables mettoient le Prince d'Orange en état de tout ôser & de tout entreprendre; mais soit qu'il fût inquiet au sujet de Liége, ou qu'il espérât contraindre Mgr. le Dauphin à se rapprocher de Namur en le resserrant dans ses fourrages, il ne songea qu'à renforcer les troupes qu'il avoit sur la Meuse. Pour cet effet il envoia un Corps à Maestricht, un autre à Maseick, & quelques détachemens sur le Demer. 1694. JUIN.

L'Electeur de Bavière se tenoit campé avec quelques troupes à Wavre sur la Dyle, d'où on craignoit qu'il n'allât sur l'Escaut & du côté de Gand y joindre un Corps que les Alliés avoient près de cette ville aux ordres du Comte de Thian. Mgr. le Dauphin détacha trois Régimens de Dragons pour observer celui qui étoit sur la Dyle, & pour se porter sous Mons, laissant Namur & Charleroy à leur gauche; ils devoient y rester jusqu'à ce qu'on fût assûré de la marche de l'Electeur de Bavière. Ils partirent le 26. Juin de Saint-Tron; & sur la nouvelle que l'on eut que le Corps des ennemis

1694. JUIN. près de Gand étoit peu considérable, ces trois Régimens se partagerent à Mons, à Maubeuge & à Beaumont, où ils furent subordonnés à M. de la Valette, & destinés à assûrer les convois qui venoient par terre de Valenciennes à Namur.

M. d'Harcourt, après avoir campé du côté de Stavelo & de Malmedy, s'étoit rapproché de Bastogne, où il eut ordre de prendre telle autre position qu'il pût joindre la grande armée en deux jours. Le côté de la Moselle étoit exposé aux incursions, Mgr. le Dauphin jugea à propos que l'on détachât de l'armée d'Allemagne quelques Régimens de cavalerie & de Dragons, qui remplaçassent le Corps de M. d'Harcourt.

Pendant le séjour de l'armée Françoise à Saint-Tron, les ennemis se tenoient de l'autre côté de la Geete à couvert de cette rivière, & ne songeoient, ni à troubler ses convois, ni à attaquer ses fourrages. Elle en fit plusieurs, tant sur le ruisseau de Landen que sur la petite

JUILLET. Geete. Le 2. Juillet on commanda cinq cens chevaux de la gauche avec six cens Fusiliers, qui à la pointe du jour se trouverent à la tête de l'artillerie. Un autre détachement de six cens hommes d'infanterie & de deux compagnies de Grénadiers se rendit à la même heure à la tête des Gardes Françoises, laissant Saint-Tron à droite.

Voici de quelle manière fut formée l'enceinte du fourrage. L'aîle gauche commençoit à Beringen & continuoit par Gingelom jusqu'à Walsbets. Le front étoit couvert par le ruisseau de Landen jusqu'à hauteur de Hall. Pour fermer le flanc droit, l'enceinte reprenoit de-

depuis cette place & alloit, entre Boyenhove devant & le Cérisier derrière elle, finir au petit bois de Duras. 1694. JUILLET.

Deux cens cinquante chevaux, & les six cens hommes de pied qui avoient leur rendez-vous à la tête de l'artillerie, se porterent aux ponts de Stractem & de Kerkem pour gagner le chemin de Gingelom, & passant par la tombe, ils formerent l'enceinte depuis ce village jusqu'à Walsbets, où ils envoierent un détachement. Ils en mirent un second à Joncourt, un troisième entre cet endroit & Landen-fermé, un quatrième dans celui-ci, un cinquième à Rumsdorp, un sixième à Neerlanden, & un huitième près de Dormael. Ce dernier détachement se posta dans les hayes, & fut chargé de garder les passages du ruisseau. Chaque poste devoit se communiquer avec ceux de sa droite & de sa gauche.

Les autres deux cens cinquante chevaux allerent joindre l'infanterie, qui avoit son rendez-vous à la tête des Gardes. Ce détachement passa à Staye pour attendre le Maréchal-de-Camp de jour au-Cérisier, sur le chemin de Leeuwe en-deçà de Boyenhove. L'infanterie fut placée à Opdormael, à Hall, à Boyenhove & au petit bois de Duras; la cavalerie dans la plaine entre ces postes.

Les fourrageurs ne partirent qu'à huit heures. Ceux du quartier général, sortant par la porte de Leeuwe, prirent le chemin de Staye. Les Brigades de la Maison du Roi, des Cuirassiers & de Roial Roussillon, avec les Dragons campés à la droite, & les fourrageurs de la Brigade de Bourbonnois, passerent à un pont au-

 des-

1694. JUILLET. dessus & près de Saint-Tron, d'où ces troupes allerent au pont & au gué de Staye prendre la queuë du quartier général. Il fut ordonné qu'après qu'elles auroient traversé le ruisseau, elles se tiendroient en escadrons jusqu'à ce qu'on leur envoiât l'ordre de fourrager.

Les Brigades de Rottembourg, de Rassent & de la Bessiere, suivies des Dragons qui campoient à Aelst, vinrent passer au pont de Stractem, & de là à Halmale. Lorsqu'elles furent au-delà du ruisseau, elles se tinrent en escadrons, & ne fourragerent que quand on leur en eut envoié l'ordre.

Les fourrageurs de l'aîle droite de l'infanterie; c'est-à-dire des Brigades de Navarre, du Roi, de Dauphin, d'Humieres, Stoppa & Surbeck, suivis de l'artillerie, passerent à Kerkem, à Gingelom, & firent halte au-delà du ruisseau, en attendant l'ordre de fourrager.

Le 3. de Juillet l'aîle gauche, tant cavalerie qu'infanterie, alla au fourrage sous l'escorte de mille hommes de pied & mille chevaux, qui à une heure après minuit se trouverent à la tête des Carabiniers.

L'enceinte du fourrage, formée par la cavalerie, commença par la droite aux villages de Montenacken & de Trogny, d'où, par une chaîne de cavalerie, elle passa entre la tombe d'Avernas & le village de Linchain, se repliant sur celui de Haller le petit. Le front, qui commençoit depuis Haller, laissa vis-à-vis de lui le ruisseau de Thine & Dieu-regard, enferma Hannut, & continua jusqu'à la tombe d'Avesne. La gauche embrassoit le terrein depuis cette tombe jusqu'à

Bou-

Boulein & jusqu'au moulin de Trogny, passant par Lens-les-Beguines & par la tombe de Blehen. 1694. JUILLET.

Dès le soir, on envoia un parti de cinquante Maîtres & d'autant de Dragons auprès de Jauche pour examiner ce qui se passoit entre les deux Geetes. On détacha à la même heure trois cens chevaux, faisant partie des mille commandés pour l'escorte. Ils devoient se tenir cachés près des hayes du village de Mierdorp, d'où ils avoient ordre d'envoier deux petits partis, l'un vers la Mehaigne, & l'autre du côté de Jandrain. On mit deux cens hommes de pied dans le village de Montenacken, cent dans celui de Cortis, deux cens à Trogny, & cinq cens dans le bourg d'Hannut.

A sept heures les fourrageurs partirent sur deux colonnes, tinrent Cortis à droite & la tombe de Russon à gauche pour gagner le moulin de Trogny. Celle de la droite prit le chemin d'Avernas, où étant arrivée, on permit aux fourrageurs de se disperser. La colonne de la gauche alla à hauteur d'Hannut qu'elle laissa à droite, & quand la tête y fut parvenue, les fourrageurs se mirent à leur besogne.

On fourragea deux autres fois dans ce camp, le 6. & le 7. de Juillet. Le premier de ces fourrages fut pour l'aîle droite de cavalerie, pour toute l'infanterie & l'artillerie. Trois mille fantassins d'escorte se trouverent à une heure après minuit à la tête du Régiment Roïal Roussillon cavalerie, qui étoit à la droite de la seconde ligne. On commanda aussi cinq cens chevaux, ou Dragons de l'aîle gauche, lesquels joignirent à la même heure la tête des Gardes du Roi.

1694. JUILLET. Le fourrage se fit derrière le flanc droit. L'enceinte commença par la gauche au village de Zepperen, d'où elle continua par le chemin de Saint-Tron à Alken, lequel ferma la gauche & le front. La droite fut couverte par le ruisseau qui passe à ce village, en le remontant jusqu'à Belingem, & Ulbeeck se trouva dans le centre du fourrage. Le Brigadier d'infanterie, avec deux mille fantassins, eut ordre de border tout le chemin depuis Zepperen jusqu'à Alken, & de disposer son infanterie de distance à autre, mais de manière que les postes se communiquassent par des sentinelles, qui empêcheroient les fourrageurs de se jetter sur la gauche de l'enceinte. Il lui étoit recommandé de garnir d'un plus grand nombre de troupes les endroits où les chemins traversoient la chaîne, tels que les environs de Cortenbosch, & d'envoier cent cinquante hommes, tant au bois qu'au village d'Ulbeeck.

Le Colonel, avec le reste de l'infanterie, qui étoit de mille hommes, devoit, en mettant le ruisseau vis-à-vis de lui, border le flanc droit depuis Belingem jusques à Alken. On envoia à ses ordres trois troupes de cavalerie; & le reste des cinq cens chevaux forma une deuxième enceinte derrière celle de l'infanterie, depuis Zepperen jusqu'à Alken.

Il fut enjoint aux Officiers de piquet de monter à cheval dès la pointe du jour, afin d'empêcher que les fourrageurs ne sortissent du camp avant les sept heures, tems marqué pour leur départ. Ils marcherent sur trois colonnes. Celle de la droite fut pour les Dragons campés à Aelst. Ils furent suivis de la seconde ligne d'infanterie, en en commençant par la droite, & de la première ligne dans le même ordre ; ceux de l'artillerie en prirent la queuë. Cette colonne passa entre Bruestein & Aelst, mit Ryckel à gauche & Oppertinge à droite, alla gagner la Chapelle & le bois de Saint-Roch, qu'elle tint à gauche, de même qu'Ulbeeck, d'où elle vint droit entre Vellen & Alken, où fut le fourrage. 1694. JUILLET.

La seconde colonne fut pour les Brigades de la Bessiere, de Rassent, Praslin, Pélippeaux & Rottembourg. Cette colonne passa à Bruestein, rasa les hayes de Ryckel, laissa ce village à droite, alla au bois d'Oppertinge qu'elle tint du même côté, & de là à Ulbeeck, où étant arrivée, on débanda les fourrageurs.

La troisième colonne fut pour le quartier général, la Maison du Roi, la Brigade de Mongon, les Dragons & Hussards, la Brigade de Bourbonnois & celle des Gardes. Cette colonne, tenant Bruestein à droite, alla raser les hayes de Zepperen qu'elle laissa à gauche, puis elle se rendit entre le château & l'Eglise d'Ulbeeck, où fut le fourrage.

L'aîle gauche & l'artillerie fourragerent le 7.

Mille Fusiliers & cinq cens Grénadiers, commandés pour former la chaîne, se rendirent à la pointe du jour à la tête de la Brigade de Piémont. On commanda aussi cinq cens chevaux & deux cens Dragons pour la même heure à la tête des Carabiniers.

L'enceinte du fourrage, qui commença par la gauche au ruisseau d'Avernas, continua, en suivant le ruisseau, jusqu'à Haller le grand & Haller le petit, puis le long de la Jausse ou petite Geete, jusqu'au village de Pel-

1694. JUILLET. Pellain, ensuite laissant de là la tombe de Wamont, Landen-Fermé & Attenhoven à l'opposite du front, elle vint finir à Wellem.

Les deux cens Dragons commandés furent destinés pour garder les passages sur la Jausse depuis Pellain, en remontant jusqu'auprès de Haller. On posta quelques troupes de cavalerie de distance en distance, lesquelles formerent une chaîne sur le ruisseau d'Avernas & sur la Jausse jusqu'auprès du village de Mares, faisant tête à la Jausse & au ruisseau d'Avernas. Le reste de la cavalerie forma l'enceinte depuis Pellain jusqu'à Landen-fermé, & une partie des Gardes qui étoient sur le front du camp, laissant Attenhoven devant elles, barrerent depuis Wellem jusqu'à Landen.

Les cinq cens Grénadiers commandés furent placés le long du ruisseau de Landen, depuis Walsbets jusqu'à Rumsdorp. Les mille Fusiliers prirent poste; c'est-à-dire cent à un petit bois près de Montenacken, cent au village de ce nom, cent à Fresin, cent à Cortis, cent à Trogny, cent à Avernas le-Gros, cent à Bertrais, & cent à Avernas-Baudouin. On en mit aussi cinquante au pont de Wellem, autant à un moulin entre ce village & Gingelom, soixante au pont de celui-ci, & quarante à Niel. Un parti de cent chevaux fut envoié entre Thine & Hannut, avec ordre d'aller vers Jauche observer ce qui pourroit venir entre les deux Geetes. On fit avancer une des Gardes de la droite, laquelle passa à Staye, & avança son petit corps-de-garde jusqu'au Cérisier de Leeuwe.

Les fourrageurs partirent à sept heures. La première lig-

ligne, défilant par sa gauche, alla passer entre Cortis & Fresin, rasa les hayes de Montenacken qu'elle laissa à droite, & marcha à la tombe de Step entre Pellain & Linchain, où les fourrageurs quittèrent leurs rangs. 1694. JUILLET.

La seconde ligne, qui commença par sa gauche, passa à Borlu, côtoia l'autre colonne, en tenant Cortis avec Montenacken à droite, & Trogny à gauche. De là elle marcha à la tombe d'Avernas, & tira sur Orpe pour faire son fourrage près du ruisseau du premier de ces deux villages.

L'artillerie passa à Kerkem, à Gingelom, & de là à la tombe de Walsbets, où elle fourragea. Tous ces fourrages se firent, sans que les ennemis s'avisassent de les troubler.

Les troupes Françoises ne laissoient pas les Alliés si tranquilles; elles cherchoient à prendre sur eux tous les petits avantages auxquels la guerre de détail peut donner lieu. Le 5. Juillet M. le Maréchal de Boufflers, aiant eu avis sur les onze heures du soir que leurs troupes devoient sortir de Liége pour fourrager le lendemain du côté d'Horion; détacha le 6. à la pointe du jour le Chevalier du Rosel & le Marquis de Blanchefort avec quatre cens cinquante chevaux ou Dragons & cent cinquante Grénadiers. Ce détachement fut destiné à deux fins, à examiner s'il pourroit entreprendre quelque chose, & à donner des nouvelles positives des démarches des ennemis. Le Maréchal tenoit un poste dans le château d'Horion, dont le Commandant étoit averti de l'informer promptement de tout ce qui parviendroit à sa connoissance. Cet Officier manda que les

1694. JUILLET. ennemis ne fourrageroient pas ce jour-là; ce qui fit évanouir l'esperance que l'on avoit conçue de quelque avantage sur eux. Néanmoins comme le départ du détachement avoit précédé la réception de l'avis, & que MM. du Rosel & de Blanchefort étoient chargés de se jetter un peu sur leur gauche pour pouvoir entrer, ou par les derrieres, ou par le flanc des fourrageurs, en cas qu'ils fourrageassent du côté d'Horion, chemin faisant ils eurent occasion d'apprendre que les ennemis fourrageoient du côté de Tongres. Joints par un parti de cent chevaux qui avoit marché toute la nuit, ils n'hésiterent pas de s'en approcher. Ils continuerent leur marche, découvrirent bientôt l'escorte du fourrage d'environ cinq ou six troupes, composées de trois cens chevaux ou à peu près, & postées dans l'endroit qui leur étoit opposé. Ils aimerent mieux brusquer l'attaque en un seul lieu, qu'en former plusieurs fausses par divers détachemens.

M. de Blanchefort remarqua qu'une troupe lui prêtoit le flanc, il la chargea si à propos, qu'il la renversa. Les autres troupes furent ensuite poussées avec beaucoup de vivacité & à une grande distance. De son côté M. du Rosel fit plier l'escorte, & débanda aussitôt une partie de son monde sur les fourrageurs, dont plusieurs furent tués. On ramena deux cens chevaux avec un Lieutenant-Colonel des troupes de Brandebourg, quelques cavaliers & Dragons. L'avantage eût été beaucoup plus considérable, si le feu de l'infanterie ennemie, qui étoit en assez grand nombre dans les hayes à droite & à gauche, n'avoit arrêté les progrès. M. de Blanchefort ne per-

perdit que trois Officiers, douze à quinze cavaliers ou Dragons tués ou blessés. Les ennemis laisserent plus de quatre-vingts hommes sur la place, sans ceux que leur tua & enleva un autre partisan de l'armée de M. de Boufflers, qui alloit à la petite guerre avec une cinquantaine de Grénadiers. Celui-ci, étant survenu pendant l'action, fondit par un différent côté sur les fourrageurs, en tailla plusieurs en piéces, & s'empara de cinquante chevaux avec un Capitaine d'infanterie au service de Brandebourg. Ce petit échec rendit ces troupes, après leur retour à Liége, si attentives & si circonspectes dans les fourragemens, qu'il n'y eut plus moïen de les y attaquer avec succès, quoiqu'on en épiât souvent l'occasion.

1694. JUILLET.

Le Prince d'Orange voioit avec peine l'armée Françoise campée à Saint-Tron, & Mgr. le Dauphin n'ignoroit pas l'embarras que lui causoit son séjour dans ce camp, tant pour les places de la Meuse qu'il avoit à conserver, que pour les risques qu'il auroit à courir en se portant du côté de la mer. Cependant les fourrages dans les environs de Saint-Tron tiroient à leur fin, & on déliberoit déjà si on iroit camper & en prendre sur le Jaar. En se rapprochant plus près de Liége, on ne pouvoit qu'augmenter l'inquiétude des Alliés. C'est à quoi visoit Mgr. le Dauphin, qui ordonna le 11. de marcher à Horelle.

Marche de Saint-Tron à Horelle.

On sonna le boute-selle, on battit la générale à la pointe du jour; à cheval & l'assemblée vers les six heures du matin.

L'aî-

1694. JUILLET. L'aîle gauche de cavalerie eut la colonne de la droite; la seconde ligne en eut la tête, en commençant par Maſſot, enſuite Thieſſenhauſen, Lagny, Souternon, les Carabiniers & le Meſtre-de-Camp. Cette colonne, depuis ſon camp, marcha toujours par eſcadron de front, & alla droit au moulin à vent de Quarem qu'elle laiſſa à droite, prit de là à travers champs pour gagner la chauſſée entre le bois d'Heers & Bergile, où fut le camp.

La ſeconde colonne fut pour tous les bagages, tant de l'aîle gauche de cavalerie que d'infanterie, leſquels s'aſſemblerent derrière la Brigade de Thieſſenhauſen, & marcherent dans l'ordre marqué pour leurs troupes, les bagages de la cavalerie précédant ceux de l'infanterie. Cette colonne, partant de ſon camp, côtoïa la marche de la cavalerie qui étoit à ſa droite, alla raſer le bois de Dour ou Harqueline, le laiſſa à gauche, marcha à travers champs au bois d'Heers, qu'elle tint auſſi du même côté pour entrer dans la plaine du camp.

La troiſième colonne fut pour l'aîle gauche d'infanterie, dont les Brigades de la ſeconde ligne eurent la tête, en commençant par Cruſſol, ſuivi de Bourbon, Soiſſonnois, Surbeck, enſuite de Vermandois, Guiche, Lyonnois & Piémont. Cette colonne, en quittant ſon camp, laiſſa Milbienovenalſt à gauche, alla paſſer à Marline, marcha de là à travers champs, tint bas Heers & op Heers à gauche, & côtoïant du même côté le de bois ce nom, avec les équipages à droite, elle entra dans ſon camp.

La quatrième colonne fut pour l'artillerie, laquelle mar-

marcha derrière le camp du Régiment de Bourbon infanterie. Elle mit Milbienovenalst à droite, alla à Ouverbrouck, où elle passa le pont, & prit le chemin de la droite jusqu'à son entrée dans la plaine. De là elle traversa les champs, laissant le bois de Puisembosek à gauche & celui de Saint-Jean à droite, s'avança au chateau d'Heers, & entra par une barrière qui avoit communication sur la campagne, d'où elle se rendit dans la plaine du camp. 1694. JUILLET.

La cinquième colonne fut pour les bagages du quartier général & pour ceux de l'aîle droite de cavalerie, en commençant par la seconde ligne dans l'ordre de la marche de leurs troupes, ensuite ceux de l'aîle droite de l'infanterie dans le même ordre, lesquelles eurent leur rendez-vous à la tête du village d'Aelst. Cette colonne alla droit au grand Gelmen qu'elle laissa à gauche, passa sur le pont du petit Gelmen, marcha à Foulogne qu'elle tint à droite, se rendit à Horpmael, & ensuite à Horelle, où étoit le quartier de Mgr. le Dauphin.

La sixième colonne fut pour la droite d'infanterie, en commençant par la seconde ligne, dont Stoppa eut la tête, & fut suivi des Brigades d'Humieres, de Dauphin, du Roi, de Navarre, Bourbonnois & des Gardes. Cette colonne alla passer le pont de la basse chaussée entre Bruestein & Aelst, laissa la chaussée à gauche, arriva à Jamen, marcha par la droite de ce village à Mettichoven, dont elle mit le moulin du même côté, & passa sur un pont qu'on lui avoit construit dans la prairie. Elle prit ensuite à travers champs pour gagner le cabaret de Zulebeck, d'où, aiant Brouckem, Hex & Viemal

1694. JUILLET. mal à gauche, Gutskoven & Horpmael à droite, elle se rendit à travers champs entre Horelle & les tombes de Lonette, ou Lonette, où fut son camp.

La septième colonne fut pour les Brigades de Phélippeaux, Rottembourg & Montgon. Cette colonne, sortant de son camp, & laissant Bruestein à droite & Ryckel à gauche pour arriver à la Justice d'Helskoven, suivit la chaussée, & marcha au château de Woordt, d'où, Brouckem à droite, elle alla à la cense de Menkoff, & entra par la gauche de Bedoé dans la plaine du camp.

Avant qu'on sonnât le boute-selle, M. de Ximenès, Lieutenant-Général, prit la seconde ligne de l'aîle droite pour couvrir la marche de l'armée sur la gauche. Il mit une Brigade depuis Ryckel jusqu'à Hoppertingen, passa ensuite le ruisseau près de Woordt, plaça une autre Brigade à la Chapelle Saint-Sauveur vers Borckloen, suivit le chemin de la basse chaussée avec l'autre Brigade, & lorsqu'il fut près de Borckloen, il la posta depuis cette ville, en tirant vers Grootloen & l'Abbaye de Coolen, d'où il envoia deux escadrons sur la hauteur de Zalemberg, près de la cense de Menkoff. Ces Brigades ne partirent qu'après que M. le Maréchal de Villeroy leur eut envoié ses ordres.

A la générale, le campement se rendit à la tête de la Brigade du Mestre-de-Camp. On commanda pour le campement mille hommes d'infanterie, qui s'assemblerent à la tête de Stoppa.

Au même son de tambour, tous les postes d'infanterie, chargés de la garde du camp, retournerent à leur Brigade. Les gardes de cavalerie, qui étoient à la tête de la

la ligne, firent reprendre leurs postes de jour par leurs 1694.
petits corps-de-garde, qui, en se retirant, se tinrent JUILLET.
toujours un peu en arrière de leurs gardes. Celles-ci ne se replierent que lorsque la première ligne s'ébranla pour se mettre en marche. Alors ces gardes de cavalerie firent l'arriere-garde des colonnes. Celle à la tête de Saint-Tron avança son petit corps-de-garde jusqu'au Cérisier de Loen, & se retira avec les autres.

Tous les postes d'infanterie, qui étoient au flanc droit & derrière le camp, ne se retirerent qu'après que toute l'armée eut passé le ruisseau. Les gardes de cavalerie, au flanc droit & derrière la droite, formerent depuis Saint-Tron jusqu'à Zepperen une chaîne, laquelle s'étendit de là à Ryckel & à Hoppertingen, non seulement afin d'empêcher qu'aucun bagage, ni personne de l'armée ne se jettât de ce côté-là, mais encore pour les obliger d'aller sur la droite de la marche. Cette chaîne, qui se fit à la pointe du jour, eut un Officier de cavalerie commandé exprès pour exécuter l'ordre à la rigueur. On commanda aussi six cens fantassins, lesquels allerent passer au château de Woordt, d'où ils mirent à la droite de la chaussée des postes depuis le ruisseau d'Hoppertingen jusqu'à Borckloen, à l'Abbaye de Coolen, à grand Loen, & tout le long à gauche, Bommershoven à leur droite.

Cent cinquante chevaux en trois troupes couvrirent la marche de l'armée depuis Woordt jusqu'au camp. On en mit une près de la Chapelle Saint-Laurent, l'autre à hauteur de Borckloen, la troisième entre cette ville & l'Abbaye de Coolen. Un détachement de cent cin-

quante

1694. JUILLET. quante chevaux couvrit encore la marche depuis au-dessous de Warem, le long du Jaar, jusqu'à Grenville, & les vieilles Gardes, qui étoient au flanc gauche, fermerent la hauteur depuis Goye jusqu'à Warem. On plaça à la tête de chaque colonne de bagages cinquante Maîtres, qui eurent soin de les contenir. Chaque Brigade d'infanterie fournit trente hommes d'escorte à ses bagages; chaque Brigade de cavalerie quinze Maîtres aux siens.

L'armée ne se mit en marche qu'après que tous les bagages furent partis. Alors marcha la seconde ligne, & lorsqu'elle eut passé le ruisseau qui étoit à l'extrémité du camp, la première ligne prit la queuë des Brigades qu'on lui avoit marquées.

A la pointe du jour la Maison du Roi s'ébranla, sans battre, pour se rendre à la tête de la Brigade du Mestre-de-Camp. Huit escadrons des Carabiniers s'y trouverent à la même heure avec le Régiment de Dragons de la Reine, outre celui qui étoit campé au quartier de M. le Prince de Conty à Milbienovenalst.

Le Régiment Colonel-Général Dragons fit l'arrière-garde de l'aîle droite. Celui, au quartier de M. le Duc du Maine à Borlu, marcha suivant ses ordres, & le Régiment, qui étoit à Milbienovenalst, suivit les mille hommes d'infanterie commandés pour le campement, lesquels, après avoir tenu le chemin de la grande chaussée jusqu'à Borckloen, le laisserent à gauche, & vinrent à la cense de Menkoff, où ils reçurent les ordres de ce qu'ils devoient faire.

On commanda trois cens Grénadiers, cent chevaux &

& autant de Dragons, lesquels, après s'être joints sur le 1694.
déclin du jour à la tête de Roïal Roussillon cavalerie, JUIL-LET.
eurent ordre d'avancer le long du Jaar pour empêcher qu'on ne fourrageât de l'autre côté. Il ne fut permis de fourrager ailleurs que dans le camp & en-dedans des gardes de cavalerie.

L'armée campa sur deux lignes, la droite aiant Kuneshem à dos & les tombes de Tongres au côté droit, la gauche entre Bergile & Heers, le Jaar derrière le camp, la grande chaussée à son front, & le quartier de Mgr. le Dauphin à Horelle.

Pour sûreté du camp à Cruchenie, on y mit soixante hommes en deux postes, cent en quatre postes dans l'Eglise & dans les hayes de Fies, trente dans l'Eglise d'Hodege, & quarante dans celle de Limon. On eut le même soin d'assûrer le flanc & le devant du camp à Hex, où l'on envoia quatre-vingts hommes, soixante-&-dix à Hapenieck, quatre-vingts au château de Heers, soixante-&-dix à Midheers, & trente-cinq à Opheers. Le camp, ainsi muni de tous côtés, il ne restoit plus qu'à mettre l'armée en état de le quitter promptement pour marcher où il seroit nécessaire. On établit plusieurs ponts sur le Jaar en différens endroits.

Mgr. le Dauphin esperoit tirer des contributions de la Campine; mais inutilement. Les Alliés tinrent un si grand nombre de troupes sur le Demer & à Maseick sur la Meuse, qu'il fut impossible aux détachemens de pénétrer jusque-là. Il n'y avoit sorte de moïens qu'on n'imaginât & ne mît en œuvre pour remporter quelque avantage. Sans cesse les partis battoient l'estrade, alloient

1694. JUILLET. à la guerre, harceloient & fatiguoient les ennemis. Ils ne rentroient guères au camp sans quelques prisonniers, ou sans le butin de quelques chevaux. Ces petits succès, quoique peu décisifs en ce qui regardoit les opérations de la campagne, donnoient un air de supériorité aux troupes Françoises, & leur inspiroit cette hardiesse & cette confiance, capables de décider des grands évenemens.

On se doutoit que les ennemis, dont on n'avoit aucune nouvelle certaine, tâcheroient de troubler la communication de Huy avec l'armée. Le 12. à onze heures du soir, M. le Chevalier de Nesle alla, suivi de cent cinquante Maîtres, partie cavalerie, partie Dragons, s'embusquer sur le chemin de Warem à l'Abbaye de Heylissem, non loin de la tombe de Step. Mgr. le Dauphin l'avoit chargé de prendre de bonnes informations, & de combattre les partis dont il feroit rencontre. Il détacha en même tems M. de Sainte-Colombe, Capitaine de cavalerie, lequel avec cinquante Maîtres fut se poster entre la tombe & le village de Mierdeaux. Son ordre portoit que supposé qu'il eût en tête un parti plus fort que le sien, il en avertiroit M. le Chevalier de Nesle, sur lequel il se replieroit le plûtôt possible. M. de Sainte-Colombe se trouva dans le cas. Poussé près du village par un détachement de quatre-vingts chevaux, il se retira sur M. le Chevalier de Nesle. Celui-ci attendit qu'ils fussent à la portée du mousquet, sortit de son embuscade, & les poussa si vivement à son tour, qu'il leur prit trente-trois hommes avec trente-cinq chevaux.

Mgr. le Dauphin ne visoit principalement qu'à faire sub-

subsister son armée aux dépens du Pays ennemi, à prolonger son séjour aux environs de Liége, & à ravir par-là au Prince d'Orange un tems précieux pour les opérations, tandis qu'il emploioit le sien à découvrir toutes les démarches de ce Prince, & à profiter du moindre écart qui lui ouvriroit l'accès à ses places, avant qu'il pût l'en empêcher. Le 14. il ordonna à M. de Cheladet d'examiner de près les ennemis, qui campoient près de Tirlemont. Cet Officier revint le 16., sans autre nouvelle, sinon qu'il n'avoit rien trouvé dans sa route, & que les Alliés étoient toujours dans la même position. Ils la garderent encore pendant quelque tems, quoiqu'ils dûssent se persuader que Mgr. le Dauphin n'abandonneroit leur Pays qu'autant qu'ils s'efforceroient de troubler la communication de son armée avec Huy & Namur. Enfin ils prirent le 23. la résolution de marcher sur la Mehaigne, où ils mirent leur droite à Taviers, & étendirent leur gauche vers Judoigne. Ce mouvement en occasionna un réciproque dans l'armée du Roi. Mgr. le Dauphin, jugeant que de là les ennemis pourroient l'incommoder pour les vivres, aima mieux sortir de leur Pays que négliger de parer un coup si important. Il en partit dès le 24. & mena l'armée à Vignamont.

1694. JUILLET.

Marche de Horelle à Vignamont.

Cette marche se fit sur neuf colonnes; le boute-selle & la générale à la pointe du jour; à cheval & l'assemblée une heure après.

L'aîle gauche de cavalerie forma les deux colonnes de la droite; la première ligne eut celle de la droite. Elles marcherent chacune par leur gauche comme el-

 les

1694. JUILLET. les étoient campées. Ces deux colonnes vinrent passer aux ponts de la droite qu'on avoit faits auprès du pont à Malpa, laisserent ensuite Pousset, Bleret, Beauvennisty, Feme & Heneff à gauche, & les Waleff, Vaux & Waromont à droite, se côtoïerent l'une l'autre, & marchant à même hauteur, elles vinrent camper entre Foumal & Famelette.

La troisième & la quatrième colonnes furent pour les deux lignes d'infanterie, lesquelles, marchant par leur gauche & par manche entière, allerent passer aux quatre ponts les plus voisins de ceux de la cavalerie qui étoit à leur droite. Ces deux colonnes continuerent leur marche à même hauteur, ne cesserent de se côtoïer, laisserent les villages de Pousset, Bleret, Beauvennisty, Feme, Warem, Heneff & Borsée à leur droite, & l'artillerie à leur gauche, ainsi que le village de Seré-le-Château, d'où elles se rendirent entre Vignamont, Villers & Fies-Fontaine, où fut leur camp.

La cinquième & la sixième colonnes furent pour l'artillerie, laquelle occupa les deux ponts de la gauche les plus voisins de l'infanterie. Ces deux colonnes marcherent côte à côte & à même hauteur, coulerent le long des villages de Hodege, Lamin, Remicourt, Lumon & Seré-le-Château, les laisserent à leur gauche, & les deux colonnes d'infanterie avec Seré-le-Château à leur droite, d'où l'on dispersa les Brigades d'artillerie aux endroits qu'on leur marqua.

Tous les bagages de l'armée passerent aux ponts construits au-dessous de la ravine de Heneff, laissant à leur droite Grenville, où étoit le quartier de M. le Duc de de Chartres. Ceux de l'aîle gauche de cavalerie, en commençant par les Brigades de la seconde ligne, traverserent les ponts depuis Lin jusqu'au quartier de Mgr. le Dauphin; mais dans lequel ils n'entrerent point. 1694. JUILLET.

Les bagages du quartier général y passerent le Jaar. Ceux de toute l'infanterie, en commençant par les Brigades de la seconde ligne, passerent aux ponts depuis ce quartier jusqu'auprès du village de Voutringe. Ceux de l'aîle droite, en commençant par la seconde ligne, prirent par les ponts dans le village de Voutringe jusqu'à celui de Lonette, & ne se servirent point de ceux qu'on avoit jettés au-dessous.

Les bagages de la première ligne suivirent ceux des Brigades de la seconde ligne qui étoient derrière elle. Le Waguemestre des Brigades & le Major allerent reconnoître les ponts par où ils devoient passer, afin de les remplir tous également. Les Brigades, qui avoient la droite, occuperent ceux de la droite qu'on leur marqua.

Lorsque tous les bagages eurent traversé le Jaar, ils marcherent par leur gauche comme ils étoient campés, la première ligne aiant la colonne de la droite, & ceux du quartier général faisant la tête des colonnes. Tous les bagages, qui défilerent au-dessous du quartier de M. le Prince de Conty, tinrent Fies à leur droite & Cruchenie à leur gauche, tant pour éviter la ravine, que pour prendre la queuë de ceux qui passerent au-dessous d'eux.

Ces deux colonnes marcherent par leur gauche comme elles étoient campées, coulerent, en se côtoïant, tout le long de la ravine, la laisserent à leur droite avec les villages de Hodege & de Remicourt, & tinrent celui de

1694. JUILLET. de Geneff à leur gauche. La colonne de la droite des deux passa aux censes de Hodoumont & d'Ostange, mit Seré-le-Château à droite, Fies-Fontaine & Villers à gauche pour aller entre Vignamont & Famelette, où fut le camp. L'autre colonne passa à travers & au-dessus de Verlaine, & côtoïant toujours celle de la droite, elle arriva dans le sien.

La seconde ligne de l'aîle droite passa aux ponts au-dessus de Lonette, marcha à Cruchenie, au cabaret d'Alburette & à Neuville, d'où, tenant ce village à droite, elle alla de Voroux à Rocou, qu'elle laissa sur sa gauche pour gagner Horion. M. de Ximenès, qui la commandoit, occupa depuis le Jaar jusqu'à cet endroit tout le terrein par les escadrons de sa ligne, qu'il dispersa de distance en distance. Lorsque tous les bagages eurent traversé la rivière, les troupes, qui en étoient les plus voisines, se replierent avec la queuë des bagages. Ceux-ci aiant passé la ravine d'Heneff, la colonne se porta auprès du moulin de Warfusée, d'où elle arriva entre Fies-Fontaine & Seré-le-Château, où fut son camp. M. de Ximenès envoia deux cens chevaux de son aîle du côté de Liége; on en détacha un parti, qui s'approcha plus près de cette ville.

La première ligne de l'aîle droite vint se mettre à la tête du camp de l'infanterie, où elle resta jusqu'à ce que les bagages de l'armée de Mgr. le Dauphin & de celle de M. le Maréchal de Boufflers fussent au-delà du Jaar. Pour lors elle passa aux ponts construits entre le château où logeoit M. le Prince de Conty, & le quartier de Mgr. le Dauphin. Après avoir traversé le Jaar, elle marcha

cha par sa gauche au village de Monmal, à la tombe de Neuville & à Geneff, les laissa à droite pour gagner Bersut, & tenant toujours les bagages du même côté, elle vint entre Seré-le-Château & Fies-Fontaine, où fut le camp. 1694. JUILLET.

Les bagages du camp de M. le Maréchal de Boufflers vinrent se rendre à la tête de la cavalerie de la gauche pour en prendre la queuë. Son infanterie passa aux ponts qu'on avoit dressés derrière elle, marcha droit à Bleret, prit de là la queuë de la cavalerie de la gauche de l'armée de Mgr. le Dauphin, & la suivit jusqu'au camp.

Aussi-tôt que l'infanterie de M. le Maréchal de Boufflers eut traversé le Jaar, sa cavalerie prit par les ponts qu'elle avoit à dos, & alla se poster entre la source de cette rivière & la Mehaigne, où elle couvroit la marche du côté d'Hannut, comme celle de M. de Ximenès du côté de Liége. On fit avancer une vieille garde de la gauche au moulin de Quarem, laquelle y resta jusqu'à ce que tout fût passé.

Toutes les gardes à la tête & au flanc de l'armée envoierent leurs petits corps-de-garde à leurs postes de jour. Elles se tinrent un peu en arrière; mais à mesure que l'armée passa le Jaar, elles se rapprocherent & en firent l'arrière-garde. A la génerale, le campement s'assembla à la tête du Mestre-de-Camp.

L'armée fut campée sur deux lignes, la droite devant Seré-le-Château, la gauche à la Mehaigne entre Famelette & Foumal, aiant la ravine de Warmont vis-à-vis d'elle. Le Corps de M. le Maréchal de Boufflers eut son

1694. JUILLET. son camp à Verlaine, où il couvroit le flanc droit du côté de Liége.

Mgr. le Dauphin, dont le quartier fut établi à Vignamont, se trouvoit entre l'armée des Alliés & le camp retranché de Liége, que le Prince d'Orange n'osoit ni dégarnir, ni perdre de vûe. On étoit informé de sa position au-delà de la Mehaigne par M. du Rosel, qu'on avoit détaché pour la reconnoître. Sur le rapport qu'une partie de ses troupes fourrageoit près de Namur, on y envoia les Régimens de Vaillac & de Rocquepine, qui partirent du camp le premier d'Août.

On avoit de part & d'autre à peu près les mêmes vûes; on ne songeoit qu'à subsister. Le Prince d'Orange se flattoit que l'armée du Roi manqueroit la première de fourrages, qu'elle seroit obligée de repasser la Meuse derrière elle, & de se rapprocher de Namur. De là dépendoit la sûreté de Liége, & le Prince d'Orange comptoit profiter de l'éloignement de Mgr. le Dauphin pour arriver le premier sur l'Escaut. En effet l'armée Françoise n'avoit d'autre parti à prendre que celui de repasser la Meuse sous Huy, ou de marcher en-dedans de la Mehaigne & gagner la Sambre près de l'embouchure de l'Orneau, ou enfin d'attaquer les Alliés dans leur position actuelle.

Le Prince d'Orange campoit avantageusement. Sans le secours des troupes qui étoient à Liége, il avoit une armée pour le moins aussi forte que celle de Mgr. le Dauphin; aussi ne craignoit-il pas l'évenement d'une bataille. De son camp à la Sambre le terrein étoit coupé de plusieurs ruisseaux & ravins, il communiquoit au-

au-delà par des ponts sur la Mehaigne, il avoit renforcé sa droite par des troupes de sa gauche, en un mot sa position & ses dispositions étoient de telle nature, que l'armée Françoise ne pouvoit arriver sans risque dans la plaine de Temploux. Se porter clandestinement au-delà de Gelberzée, passer le ruisseau de Vedrin, entrer dans cette plaine par ses derrières, tout cela n'étoit pas moins difficile que dangereux à faire sous les yeux d'un ennemi voisin, qui pouvoit à son choix attaquer, dans des chemins presque impraticables, ou la tête, ou le centre, ou l'arrière-garde de l'armée. D'ailleurs cette marche n'étoit guères celle d'un jour, & pour peu qu'elle fût retardée, soit par les obstacles naturels, soit par ceux des armes, la raison dictoit que les troupes de Liége venant à joindre les autres, tant de supériorité accableroit l'armée du Roi dans le Pays en-dedans de la Mehaigne. Côtoïer l'ennemi à travers de routes si coupées & si étroites, c'est ce qui n'étoit pas encore possible, lui qui n'avoit qu'une demie lieuë de distance à Longchamp, d'où il pouvoit arrêter sans peine la marche de l'armée, & la prévenir dans la plaine de Temploux.

1694. JUILLET.

On regardoit comme desavantageux à Mgr. le Dauphin de passer la Sambre au-dessous de l'Orneau pour la repasser ensuite au-dessus de Charleroy. M. de Luxembourg pensa avec plus de justesse; il jugea qu'il valoit mieux suivre ce parti en épargnant par prudence tout inconvénient au soldat, que lui en causer par caprice en marchant à Mons sur la gauche de la Sambre. En effet, après avoir passé cette rivière au-dessous de

1694. JUILLET. l'embouchure de l'Orneau, l'armée se trouvoit dans un Pays où elle pouvoit marcher plus à son aise & par Corps séparés, sans avoir rien à craindre, ni sans perdre un moment de tems pour hâter son arrivée à Mons. Il n'en étoit pas de même de la marche de l'autre côté que de celui-ci. Au-lieu de facilité, de sûreté & de promptitude, il n'y avoit que lenteur à prévoir, que difficultés à vaincre & que dangers à essuyer. De l'Orneau on devoit remonter au-dessus de l'anse du Piéton, & supposé que les ennemis se fussent placés à Sombreff, on ne pouvoit éviter de leur prêter le flanc. Entreprenoit-on de traverser cette petite rivière en leur présence, on leur donnoit beau jeu sur l'arrière-garde. Réussissoit-on à faire ce passage sans obstacle & sans échec, jamais l'armée Françoise n'eût tenté celui de la Haisne à Merlanwelz & à Carnieres, sans engager un douteux combat avec les Alliés, qui probablement seroient venus l'attendre du côté de Nivelle. Enfin à tous ces fâcheux inconvéniens ajoutons celui que les troupes étrangères, qui étoient dans Liége, auroient joint le Prince d'Orange pendant la marche aux environs de la Sambre; jonction d'autant plus certaine, qu'elles en avoient déjà reçu l'ordre, mais jonction qui auroit difficilement eu lieu sur l'Escaut, dès qu'on se seroit éloigné d'une riviere pour s'approcher de l'autre.

Tout ceci mûrement considéré, Mgr. le Dauphin approuva l'avis de M. de Luxembourg. Il résolut de passer la Sambre au-dessous de l'Orneau pour la repasser à la Bussiere, & de ne décamper que lorsque les en-

ennemis auroient fait quelques mouvemens, ou du côté de Fleurus, ou de Wavre sur la Dyle. 1694. JUILLET.

Autant les Alliés étoient déterminés à se maintenir dans leur camp, autant Mgr. le Dauphin étoit peu disposé à repasser trois fois la Meuse; la première près de Huy, la seconde près de Dinant, & la dernière entre cette place & Namur. Il vouloit soigneusement observer les ennemis, juger de leurs intentions par leur mine, & régler si bien ses mouvemens sur les leurs, qu'il arrivât en même tems qu'ils arriveroient sur l'Escaut. Il pressentoit que ces passages réitérés de la Meuse, retardant beaucoup sa marche, lui feroient manquer son but. Néanmoins le défaut de subsistance pour AOUT. la cavalerie pouvoit seul obliger l'armée à prendre cette route; mais voici de quelle manière on se proposoit de l'entreprendre & de l'achever en cas de nécessité. L'aîle droite devoit défiler par trois gués au-dessous de Huy, entre cette place & la Neuville. Il y avoit au-dessus deux autres gués pour les menus bagages, deux ponts de batteaux pour l'infanterie, & on avoit accommodé des endroits, par où traversant la Mehaigne, l'aîle gauche devoit, à deux cens pas au-dessus des ponts, se porter au-delà de la Meuse à un sixième gué qui pouvoit contenir plus d'un demi-escadron de front. Quant à l'artillerie, il étoit résolu qu'elle passeroit, partie dans Huy, & partie sur les ponts de batteaux avant l'infanterie. On comptoit assurer l'arrière garde à la faveur d'un rocher au-dessus du fauxbourg de Stat, assez spacieux pour y placer plusieurs escadrons, qui le rendroient inaccessible aux ennemis,

 ou-

1694. AOUT. outre l'aide d'un retranchement au bout des ponts du côté du camp, lequel il ne s'agissoit que de garnir d'un nombre de bataillons, capables de la soutenir & de la recevoir.

Les ennemis eussent difficilement levé leur camp à l'insçû de Mgr. le Dauphin, tant ce Prince avoit l'œil par-tout. Il envoia sous Namur & sous Charleroy dix-huit escadrons, tant pour les guetter de plus près, qu'afin de donner un prompt secours à M. de la Valette. Dès qu'ils les verroient en marche vers Nivelle, ces escadrons devoient prendre les devants & s'avancer sur l'Escaut, conduits par M. le Comte de la Motte, Officier-Général. M. de Guiscard fut chargé, non seulement de faire accommoder les chemins de Dausois & de la Falise; il eut encore la commission de préparer tous les matériaux propres à construire plusieurs ponts sur la Sambre à Soye & à Florifoux.

Mgr. le Dauphin ne pensoit point à quitter bientôt Vignamont. Loin de là, dans le dessein d'y prolonger son séjour, il avoit renvoié le 26. les gros équipages de l'armée à Namur. Son aîle droite ne fourrageoit pas facilement, il lui en procura le moïen, en faisant descendre à la Neuville un des ponts de batteaux construits au-dessus de Huy. La cavalerie de M. de Boufflers passa la Meuse, & assûra les fourrages qui se faisoient au-delà de cette rivière, où ils devoient continuer jusqu'au 20. du mois prochain. On ne touchoit point à l'avoine qu'il y avoit à Namur. La quantité en étoit fort médiocre, & on la réservoit pour la cavalerie dans le besoin.

Ce-

Cependant les troupes de Liége pouvoient se réünir avec celles de Taviers, & faire usage de toutes leurs forces contre le camp François. A tout évenement, Mgr. le Dauphin en retrancha la tête depuis Borset jusqu'à Warmont; précaution, si non nécessaire d'un côté, du moins utile de l'autre en ce qu'elle contribueroit à assûrer d'autant mieux sa retraite, s'il étoit obligé de repasser la Meuse derrière lui. Mais pendant que sa cavalerie trouvoit dequoi subsister entre Huy & Liége, celle des ennemis consommoit l'avoine qu'ils tiroient de Louvain, où ils avoient renvoié leurs gros bagages. Cette raison empêchoit le Prince d'Orange de perdre de vûe les troupes du Roi; & néanmoins la disette ne lui permettoit pas de l'avoir plus long-tems sous les yeux. Enfin voiant qu'en peu de jours les fourrages leur manqueroient aux environs de Huy, il prit la résolution de marcher à Fleurus le 18. d'Août. Il décampa de bon matin lorsque l'aîle droite de l'armée Françoise étoit au fourrage au-delà de la Meuse. Mgr. le Dauphin, en aiant eu avis, ordonna qu'on rappellât les fourrageurs par quelques coups de canon, qui furent lâchés au château de Huy & au camp. Il fit plus; il envoia des ordres aux Officiers de les ramener sans aucun délai.

1694. AOUT.

Marche de Vignamont à Espierres.

L'armée se mit en marche le 18. avant midi. La première ligne de l'aîle gauche & toute l'infanterie passerent la Mehaigne pour aller à Soye sur la Sambre. On laissa deux bataillons à Huy, & M. de Guiscard fit remonter quatre ponts à Soye & à Florisou. A cinq heures après mi-

1694. AOUT. midi Mgr. le Dauphin partit de Vignamont avec la seconde ligne de l'aîle gauche, marcha jusqu'à dix heures du soir, & comme la nuit étoit fort obscure & le tems fort mauvais, il fut obligé de rester au château de Neuville-les-Bois. Le même jour les ennemis allerent camper à Fleurus, où ils séjournerent le lendemain, aiant leur droite à Sombreff, & leur gauche à Marbais. M. de Luxembourg s'avança avec environ trois cens chevaux jusqu'à la hauteur du Masy, d'où il découvrit leur camp.

Le 19. à quatre heures du matin, Mgr. le Dauphin partit de Neuville-lès-Bois, & arriva à une heure après-midi au camp de Soye sur la Sambre. Il joignit dans sa marche la premiere ligne de l'aîle gauche & l'infanterie, qui avoient passé la nuit dans la plaine de Dausois, où elles étoient arrivées vers minuit, conduites par M. le Maréchal de Boufflers & M. le Duc du Maine. Le 19. toutes ces troupes arriverent à deux heures après-midi & camperent à Soye sur la Sambre; mais comme il n'avoit presque pas cessé de pleuvoir pendant toute la marche, il y eut beaucoup de soldats qui resterent dans les chemins. M. le Maréchal de Villeroy devoit les ramener avec l'aîle droite, laquelle n'avoit pû partir que le 19. à cinq heures du matin, les fourrageurs n'étant revenus au camp que le soir de la veille.

Les bagages & l'artillerie dirigerent leur marche par Gelberzée, & passerent le même jour la Meuse à Namur pour aller à Philippeville, où ils prirent le chemin de Maubeuge, ensuite celui de Valenciennes & de de Tournay. La Maison du Roi traversa le 19. la Sambre au gué de Floreff, & campa auprès de l'Abbaye. Pendant la nuit on établit des ponts, sur lesquels l'infanterie commença à passer le 20. dès les quatre heures du matin. Le reste de la première & de la seconde ligne de l'aîle droite passa en même tems au gué de Floreff & à celui de Florifou, & l'aîle gauche par les ponts aussi-tôt après que l'infanterie y eut défilé; de sorte qu'à huit heures du matin il ne se trouva plus que l'arrière-garde sur la rive gauche de la Sambre. Durant ce passage, il ne se présenta aucune troupe des ennemis, & on apprit qu'ils s'étoient mis en marche à huit heures du matin pour s'avancer à Arquenne sur la Senne. 1694. AOUT.

M. de la Motte avoit pris les devants avec les dix-huit escadrons qui se tenoient sous Namur & sous Charleroy. De Jeumont où il s'étoit rendu, Mgr. le Dauphin lui manda de se porter le 20. sous Condé; il y campa, & se couvrit de l'Escaut. M. le Maréchal de Villeroy conduisit à Tarsiennes trente escadrons de cavalerie ou de Dragons, qu'il étoit chargé de mettre en marche, avec ordre exprès d'arriver le lendemain à Maubeuge. On fit part de ces nouvelles à M. de la Valette, & on lui manda d'informer M. de Villeroy de ce qui se passeroit sur l'Escaut.

Après que toute l'armée eut traversé la Sambre, elle s'avança toute entière dans la plaine de Fosse, où on partagea les troupes en différens Corps, afin de faciliter leur marche. L'infanterie campa à Bienne, à Metez & à Gros; l'aîle droite de cavalerie au Roux & à Goigny;

l'aî-

1694. AOUT. l'aîle gauche à Fosse & à Vitrivaux. Mgr. le Dauphin prit son quartier à Sart-Eustache, où campa la Brigade des Gardes.

Comme l'infanterie étoit fort fatiguée par le mauvais tems qu'elle avoit essuié depuis son décampement de Vignamont, on jugea à propos de lui donner du repit. Elle séjourna le 21., ainsi que l'aîle droite.

Ce même jour Mgr. le Dauphin partit de Sart-Eustache avec la Maison du Roi & deux Régimens de Dragons, qui avoient eu leur camp à Presle. Il envoia la Maison du Roi camper à Jeumont, & la Brigade des Gardes à Gousé, entre Thuin & Ham-sur-Heure. Il fit avancer en même tems M. le Maréchal de Villeroy à Marpent; & l'aîle gauche de cavalerie, qui étoit moins fatiguée que l'aîle droite, marcha aussi le 21. à Tully & à Donstienne pour être à portée de passer la Sambre le lendemain de grand matin. Le même jour les ennemis se portérent à Soignies, où ils campérent, aiant cette ville derrière eux. Sur cette nouvelle, Mgr. le Dauphin se rendit le 21. au soir à Mons avec trois cens chevaux de la Maison du Roi & deux Régimens de Dragons. Il hâta d'autant plus son arrivée, qu'il s'impatientoit d'être informé des mouvemens des ennemis, & de faire parvenir ses ordres à M. le Maréchal de Villeroy, qui s'étoit transporté à Condé pour prendre le commandement du Corps que menoit M. le Comte de la Motte. Pendant ce tems-là, M. le Maréchal de Boufflers s'étoit arrêté à Solre sur Sambre, afin de presser les troupes & diligenter le passage de la rivière.

Sur ce que Mgr. le Dauphin apprit que les Alliés con-

continuoient à marcher vers l'Escaut, il envoia ordre à M. le Maréchal de Villeroy de se rendre le 22. à Tournay avec sa cavalerie. Le Corps, aux ordres de MM. de Bartillac & de Lannion, vint le même jour camper sous Condé, d'où il devoit aller le lendemain à Tournay y joindre M. le Maréchal de Villeroy.

1694. AOUT.

Le 22. la premiere & la seconde lignes de l'aîle gauche partirent de Tully & de Donstienne, passerent la Sambre & s'en furent camper à Quevy. La Brigade des Gardes traversa cette riviere le même jour, & poussa sa marche jusqu'à Fagnies, au-delà de Maubenge. M. le Dauphin manda à M. le Maréchal de Villeroy de faire avancer à Espierres le Corps de M. de la Valette, afin qu'en attendant d'être renforcé par les troupes qui le suivoient, il pût avec ce Corps, composé de sept bataillons & de vingt escadrons, ainsi qu'avec la cavalerie que conduisoient MM. de la Motte & de Bartillac, empêcher les Alliés d'établir des ponts au-dessus d'Oudenarde.

Toute l'infanterie, qui avoit séjourné à Bienne, à Metez & à Gros, s'étant mise en marche le 22., vint au Fostiau & à la Bussiere, pendant que l'aîle droite dirigeoit la sienne à Bienne sous Thuin & aux Fontaines sur la Sambre. Ces troupes passerent cette riviere le 23., & sur la nouvelle que les Alliés s'étoient portés au-delà de Cambron, où ils avoient leur gauche, Mgr. le Dauphin commanda que l'on fît avancer l'infanterie à Carnion & à Bossu, à hauteur de Saint-Guilain, où par ses soins se trouva de la bierre & du pain, qu'on lui distribua. Ce même jour la Brigade des Gardes arriva à Condé. La Maison du Roi alla à Saint-Amand, & l'aîle gauche à No-

1694. AOUT. tre-Dame-aux-Bois, après avoir traversé l'Escaut à Condé & à des ponts qu'on avoit dressés à Frasne, au-dessus de cette ville. En conséquence de nouveaux ordres, tous les Dragons prirent les devants & le chemin de Tournay pendant la nuit du 23. au 24.

Au bruit que les ennemis marchoient en diligence & à dessein de passer l'Escaut, Mgr. le Dauphin se rendit à Tournay le 23. à sept heures du soir. En y arrivant, il apprit que l'avant-garde, commandée par l'Electeur de Bavière, étoit parvenue à Frasne sur la Rosne, & devoit pousser plus avant dès le lendemain. Le 23. M. le Maréchal de Villeroy campa à Hauterive avec les troupes de M. de la Valette & celles de M. de la Motte. MM. de Bartillac & de Lannion arriverent le soir à Espierres, suivis des trente escadrons qu'ils commandoient. La Brigade des Gardes & le Régiment Roïal-Italien, venus en batteaux de Condé à Tournay, gagnerent le 24. à une heure après-midi le village de Bossu. Toute la cavalerie y arriva le même jour au soir, à l'exception de la premiere ligne de l'aîle droite, qui y vint le lendemain matin de bonne heure.

Mgr. le Dauphin, voiant combien il lui étoit difficile d'avoir toute son infanterie à Espierres assez tôt pour disputer aux ennemis le passage de l'Escaut, avoit ordonné que, dès qu'elle se trouveroit à Wasme près de Saint-Guilain, on choisît & lui expédiât incessamment les Grénadiers & les soldats les plus agiles. Le reste de l'infanterie devoit suivre plus lentement, & marcher ainsi que les Brigadiers le jugeroient à propos. M. le Prince de Conty, qui la commanmandoit, aiant communiqué cet ordre aux troupes, & leur aiant fait connoître la néceſſité où l'on étoit d'avoir un Corps d'infanterie à Eſpierres pour défendre le paſſage de l'Eſcaut, tous s'offrirent de le ſuivre. La plûpart laiſſerent leurs tentes avec leurs ſacs & un petit nombre de ſoldats, qui étoient les plus fatigués & hors d'état de ſoutenir cette marche. M. le Prince de Conty profita de cette bonne volonté. Après avoir fait à Waſme une halte de trois heures, il ſe mit en marche avec la tête de l'infanterie, laquelle arriva toute à Condé le 24. au matin. Elle y fit une ſeconde halte, y trouva de la bierre & du pain, & malgré une groſſe pluie qui tomba pendant preſque tout le tems, elle ſe rendit le 24. au ſoir à Tournay. Le lendemain avant midi, la plus grande partie arriva à Eſpierres, où elle fut cantonnée, ainſi qu'à Dottignies & dans les villages circonvoiſins.

1694. AOUT.

Mgr. le Dauphin s'étoit porté à Boſſu le 24. à neuf heures du matin. Peu de tems après y être arrivé, il découvrit la tête de l'armée des Alliés de l'autre côté de l'Eſcaut. M. le Maréchal de Villeroy, qui avoit marché à Awelghem avec le Corps de M. de la Valette & avec celui de M. de la Motte, s'étoit enſuite rapproché d'Hauterive, où l'on pouſſa les troupes de MM. de Bartillac & de Lannion, qui étoient près d'Eſpierres. Mgr. le Dauphin fut ſuivi de la Maiſon du Roi & de la première & ſeconde ligne de l'aîle gauche. Il mit toutes les troupes en bataille, ſuivant l'ordre qu'elles devoient obſerver pour le campement.

1694. AOUT. Les Alliés, qui avoient dessein de passer l'Escaut ce même jour entre Pottes & Escanaffe, furent fort surpris de voir que la plus grande partie de l'armée Françoise eût fait tant de chemin. Ils étendirent leurs troupes sur leur droite & sur leur gauche, & braquerent quelques piéces de canon contre des détachemens d'infanterie qu'on avoit placés sur le bord de l'Escaut, près du village d'Hauterive, où il y eut quelques hommes de tués. On leur rendit le salut par dix piéces de canon, que M. le Maréchal de Villeroy avoit fait amener par des chevaux de paysans: mais comme cette artillerie n'étoit servie que par des soldats de l'infanterie de M. de la Valette, elle ne répondit pas au feu des ennemis avec la vivacité qu'on eût desiré; cependant elle suffit pour montrer aux ennemis qu'il leur seroit impossible de passer l'Escaut dans cet endroit. A deux heures après-midi, ils retirerent leurs canons, & les planterent dans des retranchemens qu'ils avoient sur une petite hauteur. Vers les six heures du soir, leurs colonnes d'infanterie & de cavalerie parurent être moins nombreuses; ce qui fit juger qu'il n'y avoit vis-à-vis d'Hauterive que des troupes détachées, pendant que le gros marchoit par les derrières à Oudenarde. On tenoit un parti du côté de cette place, on reçut avis sur les sept heures du soir qu'il y avoit passé un nombreux Corps de troupes; ce qui confirma l'opinion. L'Officier, dépêché par le Commandant de ce parti pour rendre compte de la découverte, rapporta qu'il avoit vû défiler en-deçà deux colonnes mêlées d'infanterie & de cavalerie. On envoia encore à l'entrée de la nuit plusieurs autres partis

à

à la guerre, pour être informé de ce que deviendroit ce gros détachement des ennemis. 1694. AOUT.

Le 25. au matin à la pointe du jour on vit une partie de leurs troupes quitter Hauterive & prendre la route d'Oudenarde. On fut assûré que le Corps, qui avoit passé dans cette place sous les ordres du Prince de Wirtemberg, avoit campé près de Kerckhove, & que celui, que le Comte de Thian commandoit près de Gand, s'étoit ébranlé en-deçà de Deinse pour le joindre.

On jugeoit par ces mouvemens, & par différens avis qu'on avoit de l'armée des Alliés, qu'ils comptoient que les troupes du Prince de Wirtemberg, après s'être réunies avec celles du Comte de Thian, assûreroient le travail de leurs ponts sur l'Escaut, pénétreroient dans les Lignes d'Espierres & s'empareroient de Courtray. Les pionniers & les chariots qu'ils avoient commandés du côté de Bruges, outre les batteaux chargés à Gand de toutes sortes de munitions de guerre, recéloient encore d'autres vûes, que l'on interpretoit avec beaucoup de vraisemblance pour un dessein formé contre la ville de Furnes. Mais quels que fussent ces projets, ils avorterent presque aussitôt qu'ils furent conçus. La vitesse, avec laquelle l'armée du Roi passa des bords de la Sambre jusqu'à Espierres, mit tout à la fois en sûreté les Lignes, Courtray, Furnes & Dixmude.

Les ennemis marcherent à Oudenarde. Mgr. le Dauphin ne jugea pas à propos de s'éloigner de l'Escaut, avant qu'ils n'eussent fait les trois quarts de leur marche. Dès qu'il sut qu'ils étoient à quelques lieuës de distance

1694. AOUT. de la place, il prit la route de Courtray, campa le 26. entre cette ville & Harlebeck, s'y arrêta le 27., passa la Lys le jour suivant, appuia sa droite à Courtray, & poussa sa gauche à Moorseele. Pendant ce tems-là, M. de la Valette, qui entra dans les Lignes d'Espierres, alla se placer à Dottignies. Depuis le 27. qu'ils avoient passé l'Escaut à Oudenarde & sur des ponts jettés au-dessous de la ville, les Alliés campoient entre cette rivière & la Lys. M. de Souternon, que l'on détacha pour les reconnoître, remarqua qu'ils s'étendoient de l'une jusqu'à l'autre de ces rivières, leur droite vers Olsene & Machelen, leur gauche entre Worteghem & Moereghem près d'Oudenarde. Ils ne tarderent pas à changer de position. Le Prince d'Orange & l'Electeur de Bavière allerent traverser la Lys à Deinse & au-dessus de cette ville, appuierent leur gauche près de Wackem, & prolongerent leur droite jusqu'à Caneghem. Mgr. le Dauphin se mit en état de les bien recevoir, supposé qu'ils voulussent lui rendre visite. On applanit les fossés qui bordoient la tête du camp; on dispersa par Brigades l'artillerie sur tout le front; on fortifia & on garnit de canon le château de Moorseele; on éleva, depuis là jusqu'au pont de Curne, dix-huit redoutes ou redans le long du ruisseau d'Heule; & dans cette situation on attendit de pied ferme les approches de l'ennemi. Il eût succombé, en attaquant l'armée Françoise par le front. La Lys couvroit le flanc droit, & les troupes de M. de Boufflers, lesquelles, depuis Moorseele jusqu'à Wevelghem, campoient en potence vis-à-

vis

vis de défilés difficiles à franchir, assûroient l'autre flanc. 1694. AOUT.

Toutes les démarches du Prince d'Orange de côté & d'autre sur la Lys & l'Escaut ne pouvoient avoir pour objet que ces quatre entreprises, ou un combat, ou l'attaque des Lignes, ou le siége de Furnes, ou le bombardement, soit de Calais, ou de Dunkerque. On vient de voir ce qu'il avoit à esperer de la première, voici de quelle manière on se précautionna contre les autres. Mgr. le Dauphin fit avancer sous Furnes M. le Maréchal de Villeroy avec vingt-trois bataillons & trente-trois escadrons. Dans ce Corps étoit compris celui de M. de la Valette, dont la cavalerie campa entre Boesinghe & Reninghe, & dont l'infanterie, consistant en sept bataillons, occupa ce dernier poste. On munit Furnes d'une garnison de quinze bataillons, auxquels on ajouta le Régiment de Dragons de Breteuil, & on en nomma le Colonel pour y commander sous M. d'Avejan. Entre cette place & la Moere, M. de Mesgrigny fit faire un camp retranché, qui en rendoit l'investissement très difficile. Enfin on remit toutes les batteries en bon état à Dunkerque, où l'on envoia deux bataillons d'augmentation. Telles furent les mesures que prit Mgr. le Dauphin pour garantir la frontière depuis l'Escaut jusqu'à la mer.

On étoit informé que les Alliés devoient marcher à Rousselaer, occuper Dixmude, & gagner une plus grande étendue de Pays où ils pussent se pourvoir de fourrages. M. de Belvese, Lieutenant-Colonel de cavalerie, détaché dès le 5. de Septembre, les avoit vûs rangés en bataille à la tête de leur camp, prêts à se mettre en mar-

1694. AOUT. marche. Néanmoins ils n'arriverent que le 8. à Rousselaer, d'où ils porterent leur droite à Hooglede, sans ébranler leur gauche, laquelle, commandée par le Comte d'Athlone, se tint dans sa première position près de Wackem. Ces mouvemens n'étoient que purs stratagêmes, dont ils se servoient pour amuser l'armée du Roi du côté des Lignes, & pour trouver moien de subsister avec plus de facilité. Il y avoit grande apparence que les opérations du reste de la campagne aboutiroient à peu de chose; aussi Mgr. le Dauphin, qui, dans ses arrangemens de tous côtés, ne voioit lieu à aucun évenement où sa présence dût être nécessaire, partit le 18. de Courtray & alla joindre la Cour à Fontainebleau. Jusque-là M. de Luxembourg avoit eu la conduite de l'armée sous les yeux de ce Prince; il en prit le commandement après son départ.

Le Prince d'Orange, frustré tout à coup des grands avantages qu'il s'étoit promis en arrivant sur l'Escaut, se borna à disputer aux François les fourrages entre la Mandelle & le canal de Gand à Bruges. Il réussit, il les obligea d'en tirer une grande quantité du Pays que couvroient les Lignes d'Ypres. Ce Prince s'étoit fait suivre par la cavalerie de Liége à deux journées de distance; mais s'appercevant qu'elle lui devenoit inutile sur l'Escaut, il la renvoia sur la Meuse. Cette cavalerie, qui se montoit à trois mille chevaux, s'en fut camper aux environs de Hannut, où elle attendit que l'infanterie de Liége & les munitions de guerre arrivassent devant Huy. La reprise de cette place convenoit d'autant mieux aux Alliés, qu'il ne lui falloit qu'uqu'une garnison médiocre, & qu'elle formoit un poste avancé pour le camp retranché de Liége. Cette raison, jointe aux difficultés qu'ils auroient rencontrées par-tout ailleurs, les engagea à l'assiéger. Elle fut investie le 17. Les assiégeans entrerent dans la Ville le 19., en garderent les portes, & établirent des postes au pied du Château, dans lequel commandoit M. de Regnac avec neuf cens hommes ou environ. Il s'étoit disposé à le défendre, du moins assez pour donner aux premiers secours, que l'on enverroit sur la Meuse, le tems d'y arriver. Sur la nouvelle que les troupes, sorties de Liége, retournoient du côté de Huy, on avoit le 10. détaché de Courtray deux Régimens de cavalerie & un de Dragons pour renforcer M. d'Harcourt, qui campoit près de la Roche en Ardenne. Avec ce qu'il avoit de monde, il ne pouvoit tout au plus qu'empêcher les ennemis d'étendre les contributions, & de tirer les fourrages imposés sur le Pays du Roi. On lui dépêcha de Courtray un autre détachement de dix-huit escadrons; mais malgré tous ces renforts, le mauvais état de Huy ne permettoit pas au Commandant de tenir jusqu'à l'arrivée de M. d'Harcourt. Les ennemis commencerent le 22. à battre le Château; prélude qui fut suivi du feu de soixante-sept piéces de canon & de trente-sept mortiers. Ils attaquerent le fort Picard le 24. au soir, l'emporterent de vive force, & firent pleuvoir une si grande quantité de bombes, que la plûpart des souterrains ne pouvant résister à l'écrasement, le Château fut réduit à capituler le 27. La garnison en sortit le

1694. AOUT.

1694. AOUT. le lendemain avec les honneurs de la guerre pour être conduite à Namur.

La reddition de Huy intrigua M. de Guiscard. Il appréhendoit qu'après la prise de cette place, les Alliés ne vinssent avec les forces considérables, qu'ils avoient sur la Meuse, tomber tout à la fois sur Namur & Dinant. On assûroit qu'ils vouloient bombarder l'une & assiéger l'autre. M. de Guiscard reçut deux Régimens de Dragons que lui envoia M. d'Harcourt ; mais qui ne servirent point à calmer ses inquiétudes. Elles durerent jusqu'au 6. d'Octobre que la cavalerie ennemie rebroussa chemin vers Liége pour prendre des quartiers d'hyver du côté d'Aix-la-Chapelle.

Tandis que les Alliés agissoient sur la Meuse, leur flotte se montroit sur les côtes de Flandre, à dessein de partager l'attention des troupes du Roi sur cette frontière. Le 20. elle se présenta devant Dunkerque, & sembloit menacer d'entrer dans la rade. M. le Maréchal de Villeroy y accourut avec M. le Duc du Maine & M. le Comte de Toulouse. Deux Régimens de Dragons & sept cens Grénadiers tinrent la même route ; les milices Boulonnoises y arriverent d'un autre côté sous les ordres de M. le Duc d'Aumont. Des bâtimens composés s'approcherent fort près des Forts avancés. Les ennemis se flattoient de les détruire & d'endommager la ville ; mais l'exploit n'eut pas grand succès, du moins il se réduisit à jetter des bombes le 24. & le 25. ; encore ne causerent-elles que peu de desordre. Ennuiés de leur expédition, ils firent voile vers Calais, qu'ils bombarderent pendant vingt-quatre heures assez inutilement, jus-

jusqu'à ce que la mer agitée enflant ses vagues, ils s'éloignerent & ne reparurent plus. 1694. SEPTEMBRE.

Dans ces entrefaites les Alliés témoignoient vouloir s'emparer de la Knoque. M. de Luxembourg ordonna au Corps, que M. le Maréchal de Villeroy avoit posté sous Ypres, de marcher en toute diligence à Boesinge, où il seroit à portée de garder le canal & de soutenir le Fort. Mais une occasion, qu'il crut propre à réparer la perte de Huy & l'insulte faite aux côtes, fut la profonde sécurité dans laquelle le Prince d'Orange s'endormoit à Roussélaer. Il avoit fait cantonner le 19. sa cavalerie dans les villages de Hantsamen, Werkene, Velaeerstelle, Beest, Keyem, Kockelaer, Tourhout, & dans les lieux circonvoisins; il avoit mis à Kacktem sur la Mandelle une partie de l'infanterie que le Comte de Thian avoit à Wackem, & on pouvoit regarder ce Corps comme la gauche de l'armée, laquelle s'étendoit depuis Kacktem jusqu'à Rousselaer & Hooglede. Cette séparation des troupes fit naître à M. de Luxembourg l'idée d'entreprendre quelque chose sur la principale partie qui étoit depuis Rousselaer jusqu'à Hooglede, & qui paroissoit plus facile à attaquer que leur gauche, couverte de la Mandelle. Il envoia M. de Souternon reconnoître la position des ennemis, & examiner quelles routes il faudroit tenir pour s'approcher d'eux. Cet Officier découvrit trois chemins qui menoient à Rousselaer; un sur la droite, un sur la gauche, & l'autre dans le milieu. Le premier partoit de Moorseele, & étoit assez spacieux pour quatre hommes; le second de même largeur pendant une demie-

 lieuë,

1694. SEPTEMBRE.

lieuë, d'où on entroit dans celui de Menin à Rousselaer, & dans lequel pouvoit passer une compagnie de front; le troisième fort étroit, & suffisant à peine pour deux soldats. Ces trois chemins aboutissoient au village de Rousselaer, en-deçà duquel le Pays étoit si fourré, qu'il n'y avoit pas moïen de s'y mettre en bataille; au-lieu que les ennemis pouvoient se former dans une petite plaine derrière le village, y ranger vingt bataillons sur une seule ligne, & les faire soutenir par un même nombre. Joint à cela qu'ils auroient eu l'avantage des hauteurs de Rousselaer & d'Hooglede, & qu'ils avoient accommodé les chemins pour marcher en escadron de Kacktem aux deux villages. M. de Luxembourg ne s'entêta pas du projet, il y renonça dès qu'il reconnut que le succès en étoit incertain. S'il eût été nécessaire de l'exécuter, il auroit essayé d'en surmonter les obstacles; mais il ne cherchoit qu'à remporter sur les ennemis un avantage, également sûr & facile.

Les Alliés fortifioient Dixmude & Deinse, dans l'intention d'y mettre des troupes pendant l'hyver. La Cour fit attention que ces deux places, étant soutenues par les garnisons de Bruges & de Gand, pourroient servir à attenter aux Lignes. Afin d'avoir une tête avancée sur la Lys, le Roi ordonna de mettre Courtray en état de défense, & destina huit bataillons avec un Régiment de Dragons pour en composer la garnison.

Le Prince d'Orange n'eut pas plûtôt appris la reddition de Huy, qu'il quitta l'armée & se rendit à Liége. On parut de part & d'autre disposé à entrer bientôt en quartiers d'hyver. Le Comte de Tilly campoit en-

encore ſous Ath avec un détachement, tant pour la facilité des ſubſiſtances, que pour celle de marcher ſur la Meuſe en cas de beſoin. M. de Ximenès occupoit auſſi avec douze eſcadrons un camp ſous Mons, où il veilloit aux Lignes de la Haiſne & de la Trouille, en même tems qu'il obſervoit le Comte de Tilly, que M. de Laubanie, Gouverneur de Mons, entreprit de faire enlever. 1694. SEPTEMBRE.

Le Comte de Tilly logeoit dans le château d'Arbre, à un quart de lieuë de ſon camp, dont il étoit ſéparé par un petit ruiſſeau. Il avoit vis-à-vis de ſon logement une garde de cinquante Maîtres en plaine, une autre ſur ſa gauche, trente Dragons à pied à ſa porte, vingt à celle de ſon jardin, deux cens chevaux de piquet à la tête du camp, une garde de Dragons à pied & une autre à la queuë. Content de toutes ces gardes pour la ſûreté de ſa perſonne, il négligeoit d'en mettre aux ponts ſur le Hunel depuis Attre juſqu'à Cambron.

M. de Laubanie, informé de l'affaire, fit partir de Mons le 28. au ſoir deux cens cavaliers de Manderſcheid, ſoixante Dragons, & cent Huſſards avec deux cens cinquante hommes d'infanterie ſous les ordres de M. de Mortagny, Colonel de Huſſards, & de M. de Bidelbek, Lieutenant-Colonel de Manderſcheid. Ce détachement traverſa la plaine entre Chievre & Cambron, & paſſa le Hunel près de Brugelette, parce qu'il y avoit à Mevregnies des ſauve-gardes qui euſſent pû donner l'allarme. On laiſſa ſoixante hommes au pont d'Attre pour aſſûrer la retraite, & pour en donner le ſignal avec de la paille allumée, auſſitôt que les troupes du camp s'avanceroient au ſecours de M. de Tilly. Cinquan-

1694. SEPTEMBRE.

quante hommes d'infanterie & trente Dragons, conduits par un partisan de Mons, prirent un détour, & arriverent par le côté du camp au château où logeoit M. de Tilly. Ils trouverent sa garde tranquille autour d'un feu; elle ne fit aucune résistance. En même tems l'infanterie, la cavalerie & les Hussards se jetterent sur la garde avancée de la plaine, ainsi que sur deux escadrons de Dragons qui la couvroient, & auxquels on ne s'étoit pas attendu. Ces gens, attaqués à l'improviste, n'étoient pas en défense; aussi en eut-on à bon marché. On en tua plusieurs, on leur prit soixante chevaux & un étendard. Quelques-unes de ces troupes revinrent à la charge; mais elles furent repoussées avec perte.

Pendant ce tems-là le détachement, destiné à enlever le Comte de Tilly, se saisit de sa personne. L'allarme s'étant répandue dans le camp, la cavalerie s'empressa de monter à cheval, lorsqu'au signal de la retraite les autres se retirerent du côté de Saint-Guilain Quelques détachemens ennemis les suivirent jusque-là; mais la plûpart avoient enfilé le chemin de Mons avec quelques pelotons de Hussards, lesquels firent face de tems à autre pour donner le change. L'infanterie gagna promptement les bois, & n'eut pas de peine à échapper aux ennemis, qui ne savoient à quoi se résoudre, ou à continuer la poursuite, ou à revenir sur leurs pas. Ils n'ignoroient point qu'il étoit arrivé du monde à Condé, ils crurent être attaqués par un Corps plus considérable qu'il n'étoit en effet; c'est ce qu'avoit prévû M. de Laubanie. Détrompés, mais trop tard, ils se débanderent & ne purent se venger de leur perte, beaucoup plus con-

considérable que celle du détachement de la garnison de Mons, lequel n'eut qu'un Capitaine, un Lieutenant, deux Hussards, & huit ou dix soldats tués ou blessés. 1694. SEPTEMBRE.

Au commencement d'Octobre le Corps de cavalerie sous Ath, composé de trente-deux escadrons, se rendit à Soignies, & de là à Nivelle. Les troupes Françoises s'étendirent sur la frontière, tant pour observer les ennemis, que pour subsister plus facilement. Une partie de celles des Lignes, sous les ordres de M. de Villeroy, marcha avec d'autres qui partirent de Courtray. Elles formoient ensemble seize bataillons & soixante-&-huit escadrons, que M. de Boufflers fit camper à Herines sur l'Escaut. M. d'Harcourt étoit alors au-delà de la Meuse, M. de Ximenès entre Sambre & Meuse avec six escadrons qu'il avoit pris sous Mons, & trois bataillons que M. de Boufflers lui envoia le 8. Octobre. M. de Courtebonne veilloit aux Lignes de la Trouille & sur la Haisne, & M. de Vendeuil commandoit un autre Corps de troupes à Espierres. OCTOBRE.

Le 20. les Alliés commencerent à défiler vers leurs quartiers. Ils se partagerent; les Hollandois à Nieuport, à Ostende & derrière le canal de Bruges; les Anglois dans les places de Flandre; les Allemands dans celles de Brabant & sur la Meuse.

M. le Maréchal de Boufflers, à qui le Roi avoit conferé le gouvernement de Flandre, vacant par la mort de M. le Maréchal d'Humieres, fut nommé pour commander sur cette frontière pendant l'hyver. Les troupes Françoises eurent leurs quartiers depuis la mer jusqu'à la Meuse, & depuis l'Escaut jusqu'à la mer, où elles furent re-

1694. OCTOBRE. reparties en plus grand nombre à cause des Lignes, dont la sûreté faisoit un des principaux objets de la Cour. M. de la Mothe-Houdancourt y commanda depuis le canal d'Honscotte jusqu'à la Lys; M. de Montrevel fut chargé des Lignes d'Espierres & de la défense de l'Escaut jusqu'à Condé; M. de Ximenès veilla sur la Haisne & aux Lignes de la Trouille, & M. de Guiscard depuis Charleroy jusqu'à Sedan.

Cette campagne fut la dernière de M. le Maréchal Duc de Luxembourg. Les évenemens des précédentes avoient prouvé qu'il savoit vaincre quand il falloit combattre. Uniquement chargé d'empêcher cette année les ennemis, supérieurs en nombre, de faire des progrès sur la frontière, il leur en imposa par des démarches hardies, & les réduisit à se resserrer dans ses subsistances. Enfin il mourut au mois de Janvier 1695. lors même que ses talens pour la guerre, si souvent éprouvés, si universellement connus, l'avoient rendu nécessaire à la tête des armées. Sa conduite, également glorieuse à l'Etat, & digne de servir de modèle à la postérité, mérita l'admiration des étrangers, les regrets du Roi & ceux de toute la France.

FIN du Tome cinquieme.

TABLE DES MATIERES,

Contenues dans cet Ouvrage. Les lettres Italiques *a*, *b*, *c*, *d*, *e*, en indiquent les Tomes I. II. III. IV. & V.

A.

Eſt

T A B L E

Ob-

De

De

Du

G.

Choix

H.

 Se

I.

Ap-

TABLE

Crée

Part

 Fait

M.

Sur

N.

O.

As-

Don-

De

Va-

V.

U-

Est

Fin de la Table des Matieres.

MEMOIRES
POUR SERVIR A
L'HISTOIRE
DU
MARECHAL DUC
DE LUXEMBOURG.

MEMOIRES
POUR SERVIR A
L'HISTOIRE
DU
MARECHAL DUC
DE LUXEMBOURG,

Depuis ſa Naiſſance en 1628. juſqu'à ſa Mort en 1695.,

CONTENANT

Des Anecdotes très curieuſes, & ſa détention à la Baſtille, écrite par lui-même;

Ouvrage imprimé ſur le Manuſcript,

Et orné du Portrait du Maréchal, gravé par MR. SCHMIDT *ſur celui de* MR. RIGAUT.

Ces Mémoires ſervent d'Introduction à l'Hiſtoire Militaire du Duc de Luxembourg par le Chevalier de Beaurain, en 5 Vol. in 4°. & forment un ſixiéme Volume.

A LA HAYE,
Chez BENJAMIN GIBERT, Libraire.
MD. CC. LVIII.

AVERTISSEMENT
DU
LIBRAIRE.

J'Avois d'abord destiné ces Mémoires à servir de fondement à une Histoire générale & suivie de tout ce qui s'est passé de plus remarquable en Europe pendant la vie du Maréchal Duc de Luxembourg. Tel étoit le plan que j'en avois formé & que je me proposois d'exécuter, lorsque des personnes intelligentes me conseillerent d'imprimer le Manuscrit tel qu'il étoit, sans augmentation, ni diminution. Dans l'idée que le Public préfereroit un petit recueil de curieuses Anecdotes à un plus grand détail d'évenemens déjà connus de tout le monde, & dans lesquels les Faits particuliers de ce Guerrier se trouveroient confondus, ce qui m'a fait changer d'avis, sans renoncer au dessein. Je donne provisionnellement ces Anecdotes comme une simple Introduction à l'Histoire Militaire du Duc de Luxembourg, me réservant de publier dans la suite une Histoire plus générale, dans laquelle on fera alors usage de nouvelles Pièces que l'on nous promet.

met. On y ajoutera aussi plusieurs lettres écrites du Roi au Maréchal & du Maréchal au Roi, on y rassemblera avec choix les particularités qui ont un rapport direct au sujet; mais que l'on ne rencontre que dispersées en presque autant d'Ouvrages qu'il y eut d'Historiens de ce tems, si rempli de vicissitudes, tant dans la paix que dans la guerre. Au reste, ces Mémoires sont d'autant plus dignes de l'attention du Lecteur, qu'ils renferment une Pièce de la main propre de Mr. de Luxembourg; Pièce d'autant plus intéressante, qu'elle combat & détruit le faux préjugé qui noircit calomnieusement la réputation du Maréchal pendant sa vie, & qui continue encore à flétrir la mémoire d'un Hé-

Héros, qui fut tout à la fois l'objet de l'estime de la France, & plus d'une fois celui de l'Admiration de ses ennemis.

ME-

SOMMAIRES
CONTENUS
DANS CE VOLUME.

** Sui-

SOMMAIRES.

Il

SOMMAIRES.

ME-

MEMOIRES POUR SERVIR A LA VIE DU MARECHAL DUC DE LUXEMBOURG.

Sa Naiſſance & ſon Apprentiſſage.

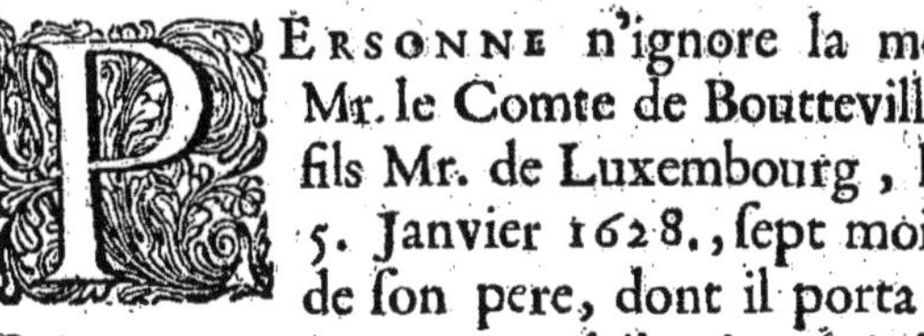

PERSONNE n'ignore la mort tragique de Mr. le Comte de Boutteville, qui eut pour fils Mr. de Luxembourg, lequel nâquit le 5. Janvier 1628., ſept mois après la mort de ſon pere, dont il porta le nom juſqu'à ſon mariage; tems auquel il prit celui de Luxembourg. Les triſtes circonſtances de ſa naiſſance furent bien-tôt ſuivies d'une lueur de fortune, dont il eut le malheur de ne pas profiter. Mr. le Duc de Montmorency, iſſû

 d'une

d'une branche cadette de sa Maison, l'institua, avec permission du Roi, son légataire universel, après avoir fait part d'une partie de ses biens à Mesdames ses sœurs. Mais par des intrigues de Cour le testament aiant été supprimé, la confiscation de tous les biens de Mr. de Montmorency fut accordée à Henri de Bourbon, Prince de Condé, qui avoit épousé la sœur de ce Duc. Il ne resta donc à Mr. le Comte de Boutteville d'autre moïen de faire une fortune convenable à sa naissance, que l'unique ressource de se pousser dans le métier de la guerre.

Charlotte de Montmorency, Princesse de Condé, & Louïs de Bourbon, son fils, l'honorerent de leur protection dès sa plus tendre jeunesse. Ce grand Prince, si bon juge en fait de mérite, lui reconnut tant de talens pour la guerre, qu'il voulut bien se faire un plaisir de le former lui-même à ce noble métier. Il l'enleva, pour ainsi dire, à sa mere, & le mena avec lui en Catalogne, où il fit sa première campagne (*a*).

Mr. le Comte de Boutteville fit en Flandre la campagne suivante (*b*) sous ce grand Prince, qui gagna la fameuse bataille de Lens. Il y fut chargé de plusieurs commissions au-dessus de la portée de son âge. Entre autres occasions, s'étant mis à la tête de la compagnie des Chevaux-Legers de la Garde, il prit en flanc un escadron qui chargeoit celui où étoit Mr. le Prince, & le défit entiérement. Cette campagne finie, le Roi lui accorda un brevet de Maréchal-de-Camp. Il suivit Mr. le Prince au combat de Charenton (*c*), où il donna plusieurs marques de sa valeur, sur-tout à l'attaque & à la prise du pont & poste de Charenton, étant du dé-

(*a*) En 1647. (*b*) De 1648. (*c*) En Février 1649.

détachement de l'armée du Roi. Quoique très jeune encore, il passa entre deux des premières palissades, un peu écartées l'une de l'autre, & entra dans le poste attaqué, tandis que les soldats les plus déterminés coupoient les autres palissades à coups de hâches.

Pendant les brouilleries qui occasionnerent cette première guerre de Paris, Mr. le Comte de Boutteville soupant un jour avec d'autres adhérens au parti de la Cour, ils affecterent tous de boire à la santé du Cardinal Mazarin. Mr. de Beaufort, qui en fut averti, survint accompagné de plusieurs gens armés, & renversa la table. Mr. le Comte de Boutteville fut le seul qui mit l'épée à la main pour repousser l'insulte, sans être étonné du nombre de ceux qui accompagnoient Mr. de Beaufort, à qui cette grotesque expédition fit moins d'honneur qu'à Mr. de Luxembourg.

Coup de hardiesse de Mr. de Luxembourg en faveur des Princes arrêtés.

MR. le Prince, s'étant brouillé avec la Cour, fut arrêté conjointement avec Mr. le Prince de Conty & Mr. le Duc de Longueville. Tous ceux, qui étoient dans leurs intérêts, furent si consternés de cet évenement, qu'aucun ne sut prendre un parti pour sauver ces illustres prisonniers. Mr. le Comte de Boutteville fut le seul qui monta à cheval & parcourut les principaux quartiers de Paris, en criant au peuple que Mr. de Beau- 1650.

 fort,

1650. fort, universellement chéri, venoit d'être arrêté. Il n'en fallut pas davantage pour faire prendre les armes aux Partisans de la fronde, & il en seroit infailliblement résulté une émotion, favorable pour la délivrance de Mrs. les Princes, si Mr. le Cardinal de Retz, un des Chefs de la fronde, aussi-bien que Mr. de Beaufort, s'étant apperçus de ce qui alloit arriver, n'eussent fait poser les armes au peuple. Cette démarche, qui n'eut pas son effet, n'est pas moins considérée comme une action très hardie.

Il embrasse le parti des Princes, détenus à Vincennes.

MR. le Comte de Boutteville servit donc sous Mr. de Turenne en qualité de Lieutenant-Général & de Commandant de la cavalerie.

A la bataille de Rhetel (a) il fut blessé & fait prisonnier, après s'y être distingué par plusieurs actions, dont il reçut des loüanges de Mr. de Turenne. Il combattit avec valeur à la tête d'un escadron, & aiant poussé fort loin celui qui lui étoit opposé, il se vit abandonné des autres escadrons qui étoient à ses cotés. On le conduisit à Gravelines, où Mr. le Cardinal Mazarin commença par lui faire toutes sortes de bons traitemens, jusqu'à lui envoier des Domestiques de sa Maison pour le servir. Le Ministre avoit en vûe de le détacher du parti de Mr. le Prince, & de l'engager à

(a) Donnée le 15. Décembre.

gena-

rentrer au ſervice du Roi. Il chargea un de ſes Gentils-hommes, qu'il tenoit auprès de lui, de le prévenir là-deſſus & de l'y déterminer par des promeſſes d'une fortune éclatante. Mais Mr. le Comte de Boutteville ne s'en laiſſa pas éblouir, & paroiſſant inébranlable, il fut étroitement reſſerré & conduit en priſon dans le Donjon de Vincennes, d'où il ne ſortit que lorſqu'on rendit la liberté aux Princes; c'eſt-à-dire dans le courant de Février de l'année ſuivante. 1650. 1651.

Place qu'il défend contre les troupes du Roi.

MR. le Prince s'étant encore brouillé avec la Cour, Mr. le Comte de Boutteville s'en alla à Bellegarde, dont Mr. le Prince lui avoit donné le Gouvernement. A peine il y fut, qu'il ſongea à mettre cette mauvaiſe place hors d'inſulte, en y élevant quelques ouvrages de terre qu'il fit garnir de paliſſades. Il y fut inveſti par les troupes du Roi, commandées par Mr. le Duc d'Epernon, qui, après dix-huit mois de blocus, laiſſa à Mr. le Marquis d'Uxelles, Capitaine-Général, le ſoin de l'aſſiéger dans les formes. 1653.

Malgré tout ſon mauvais état, cette place tint vingt-neuf jours de tranchée ouverte, & Mr. de Luxembourg ne la rendit que par la trahiſon du Major, qui, aiant trouvé le ſecret de s'échapper la nuit, alla propoſer à Mr. le Marquis d'Uxelles de s'en rendre maître, en faiſant aſſaſſiner Mr. le Comte de Boutteville. La pro-

1653. position parut si odieuse au Général, qu'il dit nettement au Major que s'il en coutoit la vie à Mr. le Comte de Boutteville, il le feroit pendre lui-même à la porte de la ville, ajoutant que s'il trouvoit quelque autre moïen de lui faciliter cette conquête, il lui obtiendroit volontiers une recompense du Roi.

Le Major, rentré dans la place, tâcha de soulever une partie de la garnison. Il réussit si bien par ses menées, qu'un jour un des soldats, qui étoient de garde à la porte de l'attaque, incita ses compagnons à jetter leurs armes dans les fossés & à donner entrée aux ennemis. Ils étoient prêts à se porter à cet excès, lorsque Mr. le Comte de Boutteville, qui dînoit avec les Officiers de la garnison, en fut averti. Aiant défendu à tous les Officiers de le suivre, il se transporta aussitôt sur les lieux, accompagné d'un seul Page. Arrivé au poste, il demanda si ce qu'il venoit d'apprendre, avoit quelque fondement. Un soldat de la Colonel de son Régiment lui répondit qu'il y avoit trop long-tems qu'ils pâtissoient dans cette garnison, qu'ils y manquoient de vivres, & que ces raisons l'avoient engagé à suggerer à ses camarades le parti dont on lui avoit rendu compte. Mr. de Boutteville, sans donner aux autres soldats le tems de se reconnoître, tua sur le champ ce mutin de sa propre main, & s'adressant au reste, il leur dit d'un sang froid qu'autant qu'il y en auroit parmi eux de même avis que ce séditieux, il leur feroit subir un pareil traitement. Ce trait de hardiesse les contint dans le devoir. Le Major, dont l'entreprise n'avoit eu aucun succès, toujours en rélation avec Mr. le Marquis d'Uxelles, lui

lui fit offre de gâter les poudres. Il en mouilla une si grande partie, que Mr. de Luxembourg, voiant qu'il n'avoit pas dix coups à tirer, fut contraint de capituler pour obtenir les honneurs de la guerre. Il lui fut accordé d'aller trouver M. le Prince dans les Pays-Bas. 1653.

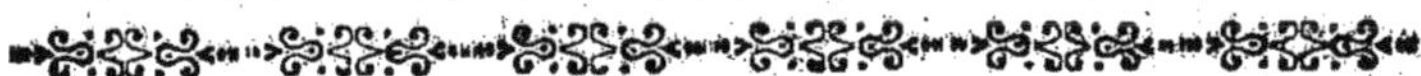

Il fait passer un Convoi dans le Camp des Espagnols.

L'Archiduc avec l'armée d'Espagne & Mr. le Prince avec ses troupes assiégerent Arras dans le tems (a) que l'armée de France étoit occupée à faire le siége de Stenay; place qui appartenoit à Mr. le Prince. Arras, aiant été attaquée par l'endroit le mieux fortifié, opposa une vigoureuse & longue résistance Cependant Stenay s'étant rendu, l'armée, qui en avoit fait la réduction, vint joindre celle commandée par Mr. de Turenne, laquelle s'étoit postée près des lignes des assiégeans; de sorte que les Espagnols s'y trouverent tout à coup investis, & dépourvûs de vivres pour continuer le siége. Ils avoient fait préparer à St. Omer un grand convoi, que Mrs. les Maréchaux de Turenne, d'Hoquincourt & de la Ferté convinrent d'intercepter, en attendant l'occasion de forcer les Lignes. Mr. le Comte de Boutteville servoit dans l'armée de Mr. le Prince en qualité de Lieutenant-Général. On y faisoit trop de cas de sa conduite & de sa bravoure, pour qu'on ne lui confiât pas le soin d'amener le convoi aux assié- 1654.

(a) Au mois de Juillet.

geans.

1654. geans. L'entreprise étoit aussi difficile qu'importante. Il s'agissoit de sortir avec un détachement d'un camp investi, & d'y rentrer avec un convoi en présence de trois armées ennemies, commandées par trois Officiers-Généraux, également expérimentés & habiles. Néanmoins Mr. le Comte de Boutteville trouva moïen d'aller prendre le convoi à St. Omer. Il le conduisit jusqu'à St. Paul, petite place, située entre cette ville & Arras, où, joignant la prudence à la valeur, il s'arrêta sur un avis, qu'il reçut de ses espions & de ses partis, du danger qu'il auroit à courir s'il passoit outre. Le tems lui fit naître un moment plus favorable. Il en profita, & arriva avec tout le convoi jusqu'au camp des assiégeans. En y entrant, il fut attaqué par les François, qu'il repoussa si vigoureusement & si à propos, qu'ils ne purent lui enlever la moindre partie du convoi. Ce succès détermina enfin les Généraux de l'armée Françoise à attaquer les lignes. Elles furent forcées, malgré toute la résistance des assiégeans; ce qui donna lieu à cette belle retraite par laquelle Mr. le Prince sauva l'armée, & à Mr. le Comte de Boutteville une autre occasion de signaler son courage.

Il fait lever le Siége de la Capelle.

1655. L'Armée de France, aux ordres des Maréchaux de Turenne & de la Ferté, entreprit le siége de Landrecy, pendant lequel le Roi se tint à Guise, d'où se tiroient

roient les convois nécessaires pour la subsistance des troupes. Mr. le Prince, résolu de leur couper les vivres, se porta à Vanancourt avec l'armée d'Espagne, & Mr. le Comte de Boutteville fut détaché pour couvrir la Capelle & autres places des Pays-Bas, le plus à portée d'être assiégées par les François après la prise de Landrecy. Cette ville s'étant rendue, le Roi joignit son armée, dont les deux Généraux proposerent à Sa Majesté deux autres siéges; Mr. de Turenne celui de Condé, & Mr. de la Ferté, celui de la Capelle. Ce dernier sentiment prévalut, on se prépara à le suivre. 1655.

Mr. le Comte de Boutteville, qui observoit le mouvement de l'armée de France, comprit qu'elle en vouloit à la Capelle. Il y entra avec son camp volant avant qu'elle ne fût investie, & pendant qu'on formoit l'investissement de la place, il en sortit, poussa fiérement les François, & s'y renferma pour en prendre la défense. Il fit plusieurs sorties de tems à autre, mais toutes conduites avec tant de sagesse, que les assiégeans, après avoir perdu beaucoup de monde, furent obligés d'abandonner leurs travaux par ordre exprès du Roi. Ainsi on peut dire que Mr. le Comte de Boutteville eut la gloire de faire lever le siége d'une place, dans laquelle il étoit lui-même assiégé.

Il contribue à la levée du Siége de Valenciennes.

CEtte campagne fut mémorable par le siége de Valenciennes, que formerent les Maréchaux de Turen- 1656.

1656 renne & de la Ferté. La place, investie le 15 Juin, sut si bien se défendre, qu'elle donna à Mr. le Prince & à Don Jean d'Autriche le tems de venir à son secours. Dès qu'ils eurent assemblé une armée assez forte pour tenter l'exécution de ce dessein, ils s'avancerent jusque sur une hauteur, d'où ils découvrirent & reconnurent les lignes des ennemis.

Le Gouverneur de Valenciennes, aiant été averti de l'approche du secours, fit lâcher les écluses, & inonda au loin les environs de la place. En même tems Mr. le Prince & l'Archiduc d'Autriche tomberent à forces réunies sur les bras du Maréchal de la Ferté, à qui les eaux avoient ôté la communication de son quartier avec celui de Mr. de Turenne. D'un autre côté, M. le Comte de Boutteville, l'un des Lieutenans-Généraux des troupes de Mr. le Prince, s'étant apperçu que les assiégeans dégarnissoient un poste non attaqué de leurs lignes, pour renforcer d'autres postes dont on disputoit le terrein, fit de son chef attaquer l'endroit dégarni, par où il entra un des premiers dans les lignes. Peu de tems après, les assiégeans furent forcés à toutes les attaques; de sorte que Mr. le Prince, s'étant fait jour à la pointe de l'épée jusque dans les lignes, vit avec étonnement venir des troupes du côté d'un poste qu'il savoit n'avoir pas été attaqué. Mais il fut agréablement surpris, lorsqu'aiant envoié reconnoître ces troupes, il apprit qu'elles faisoient partie des siennes, commandées par Mr. le Comte de Boutteville. Cette attaque, qu'il avoit hazardée sans ordre, & dont il justifia les motifs, non seulement facilita beaucoup la réussite du secours; elle fut en-

encore cause que les assiégeans, pris à l'improviste de ce côté, firent moins de résistance. Ces mêmes troupes furent celles qui se saisirent de la personne du Maréchal de la Ferté, & qui firent sur les ennemis d'autres prisonniers de considération. 1656.

Mr. de Luxembourg soumet St. Guilain, & aide à délivrer Cambray.

LA campagne de cette année commença par le siége de St. Guilain, que les Espagnols, joints aux troupes de Mr. le Prince, investirent au Mois de Mars. 1657.

A peine la tranchée fut ouverte, que Mr. le Comte de Boutteville, Lieutenant-Général de jour, suivi d'une partie des troupes qu'il avoit sous ses ordres, s'approcha de la place pour la reconnoître. S'étant apperçu du mauvais état de ses dehors, il tâtonna & emporta les premiers postes après une foible résistance, d'où il suivit l'ennemi pied à pied jusque dans le chemin-couvert. Cette brusque attaque, qu'il fit ensuite soutenir par le reste de son monde & par des détachemens de la grande armée survenus à propos, épouvanta tellement la garnison, que le Commandant, Mr. de Schomberg, qui ne s'étoit rien moins qu'attendu à un coup si imprévû, rendit St. Guilain le 22. du mois.

Bientôt après, Mr. le Prince & les Généraux d'Espagne s'emparerent de Condé.

Cependant Mr. de Turenne, fâché des conquêtes

1657. journalières des Espagnols, résolut de s'en dédommager. Aiant fait semblant de menacer diverses places, il se présenta devant Cambray, où il n'y avoit alors qu'une petite garnison. Il fit jetter des ponts de communication sur l'Escaut, & hâta la construction des lignes de circonvallation. Le Gouverneur de la ville, surpris de cette visite, envoia un Officier au Commandant de Mons pour l'en avertir, & lui demander du secours. L'Officier rencontra Mr. le Prince, qui passoit sa cavalerie en revûe; il lui apprit le sujet de sa commission. Aussitôt, sans provisions, ni équipages, le Prince se mit en marche & vola au secours de Cambray. Il ne s'arrêta à Valenciennes qu'autant de tems qu'il en fallut à ses troupes pour prendre quelques rafraîchissemens, se mit à la tête de celles qui avoient passé les premières, & s'étant avancé jusque sur une éminence d'où il pouvoit reconnoître le camp & les travaux des François, il communiqua son dessein aux principaux de ses Officiers. Ensuite il marcha droit aux lignes des ennemis, lesquelles étoient encore imparfaites, & dégagea Cambray de la manière dont il est fait mention dans l'Histoire de ce tems-là.

Mr. le Comte de Boutteville perça dans le camp des François, en même tems que Mr. le Prince y pénétra par les endroits où leurs lignes n'étoient pas achevées. Il chargea ceux des assiégeans qui s'opposerent à son passage; il se porta même si loin dans la mêlée, qu'il fut enveloppé par trois cavaliers ennemis. Il en coucha un par terre, & un de ses Gentilshommes aiant mis le second hors de combat, il se débarrassa du troisième, rejoijoignit son détachement, & arriva un des premiers aux portes de Cambray, dont Mr. de Turenne leva le siége à la première nouvelle qu'il eut que Mr. le Prince y étoit entré avec sa cavalerie. 1657.

Suite de la Campagne de 1657.

MR. de Turenne conduisit l'armée de France à St. Venant. Il en avoit laissé les gros bagages à Arras, il en eut besoin pour assiéger la ville plus commodément. Mr. de Siron, un de ses Lieutenans-Généraux, fut chargé de les amener au camp sous l'escorte de huit cens chevaux & de deux mille hommes d'infanterie; c'est-à-dire, quand il en trouveroit l'occasion, & sans s'exposer à aucun risque.

Il y avoit déjà quelques jours que Mr. de Siron étoit à Arras, lorsque Mr. de Turenne lui manda de revenir avec les bagages & avec l'argent destiné pour le paiement des troupes, pourvû qu'il le pût en toute sûreté. Mr. de Turenne ajoutoit cette condition à l'ordre, parce qu'il savoit que Mr. le Comte de Bouteville rôdoit sur les aîles avec quinze cens chevaux dans le dessein de lui empêcher le passage. Celui-ci aiant marché du côté d'Aire, Mr. de Siron crut qu'il auroit le tems de faire passer son convoi au camp de St. Venant, avant qu'on pût en attaquer l'escorte. Dans cette persuasion, il fit sortir d'Arras tout ce que Mr. de Turenne confioit à sa conduite; mais Mr. de Bouteville, qui n'a-

1677. n'avoit affecté cette marche que pour le tromper, rebroussa chemin avec tant de secret & de promptitude, que Mr. de Siron n'eut aucun avis de cette contre-marche. Loin de là, la tête du convoi étant sur le point d'entrer dans le camp, il alla lui-même en garantir la sûreté à Mr. de Turenne. Ce prévoiant Général, qui connoissoit l'activité de Mr. le Comte de Boutteville, en prit une juste inquiétude. Il monta à cheval, conjointement avec tous les Officiers-Généraux, pour voir ce que seroit devenu le reste d'un convoi qui intéressoit si fort toute l'armée. Il apprit bientôt que Mr. le Comte de Boutteville, après avoir côtoïé le convoi pendant deux jours consécutifs, & attendu que la tête de l'escorte fût rentrée dans le camp, il s'étoit saisi à Lilliers de l'argent & de tout ce qui restoit du convoi.

Quelques jours après l'évenement, Mr. de Turenne dit à cette occasion qu'il n'étoit pas si surpris de la défaite de l'escorte & de la perte des bagages, qu'étonné de la vitesse avec laquelle Mr. le Comte de Boutteville avoit exécuté cette expédition, sur-tout en plein jour, & presque sous les yeux d'une armée, dont le piquet, malgré toute la diligence possible, n'avoit pû joindre aucunes de ses troupes. Mr. de Turenne ne pouvoit assez admirer qu'après en avoir débandé une partie pour piller & bruler les bagages, Mr. de Boutteville eût encore eu le loisir de rassembler son détachement, & de prévenir, en se retirant à propos, la précipitation de ses ennemis.

Mr.

Mr. de Luxembourg est pris, & remis en liberté par échange.

L'Angleterre pressoit l'exécution d'un Traité d'alliance, par lequel la France s'étoit engagée à mettre cette Couronne en possession de la ville de Dunkerque. Pour remplir l'engagement, les François assiégerent la place, & les Anglois avec une flotte l'investirent du coté de la mer. Les Espagnols au contraire résolurent de leur en disputer la conquête. Dans un Conseil de guerre, qu'ils tinrent sur la maniere dont il seroit à propos de donner du secours, Mr. le Prince opina qu'il falloit se retrancher le long de la colline; que par-là on empêcheroit les ennemis de recevoir les convois nécessaires pour leur subsistance; qu'on en viendroit d'autant plus facilement à bout, que Berghe & Furnes, places les plus voisines de Dunkerque, étoient encore sous la domination de l'Espagne. Il ajouta à ces raisons qu'on ne pouvoit attaquer les lignes qu'en approchant des dunes, & que par conséquent les Anglois ne manqueroient pas de débarquer de l'infanterie, qui, prénant l'armée Espagnole en flanc, l'incommoderoit beaucoup. Cet avis, quoique le meilleur, ne fut pas goûté. Les Généraux Espagnols déterminerent Mr. le Prince à risquer une bataille pour secourir la place. 1658.

Au bruit de leur marche, Mr. de Turenne laissa quelques troupes à la défense des lignes, & en sortit avec

1658. avec le reste pour aller à la rencontre des ennemis. Ils n'avoient pas encore reçû leur gros canon, ils furent obligés de combattre plûtôt qu'ils n'auroient voulu. Les deux armées se rangerent en bataille le 14. Juin. L'évenement justifia ce qu'avoit prévû Mr. le Prince. Les Espagnols, qui avoient l'aîle droite, furent pris en flanc par les troupes que les Anglois débarquerent de leur flotte, en même tems qu'ils furent attaqués de front par les François ; de sorte qu'ils ne firent qu'une résistance de peu de durée. Mr. le Prince avec ses soldats eut à faire à l'aîle droite que commandoit Mr. de Turenne. Il soutint le combat plus long-tems & avec plus de vigueur.

A la dernière décharge qui se fit lors de la déroute des troupes du Prince, Mr. le Comte de Boutteville & ceux, qui l'avoient suivi, s'engagerent si avant parmi les François, que ne doutant plus de leur victoire, ils songerent à abandonner le champ de bataille par une retraite précipitée. Mr. de Boutteville, vivement poursuivi, fit sauter à son cheval deux watergans ; mais si larges, que les François, qui étoient à ses trousses, n'ôsant imiter son exemple, prirent un détour pour le couper. Il fut moins heureux au troisième watergans ; il s'y enfonça près de l'autre bord. Un de ses Gentils-hommes, qui l'avoit sauté le premier, mit pied à terre pour tirer son Maître du bourbier ; de sorte que pendant ce tems-là ils devinrent l'un & l'autre la proie des vainqueurs. Mr. de Boutteville fut conduit à l'armée Françoise, de là à Boulogne, & en dernier lieu à Soissons, où il resta plusieurs mois, jusqu'à ce qu'il fût ééchangé contre le Maréchal d'Aumont, qui, aiant voulu surprendre Ostende, fut pris lui-même avec plusieurs Officiers au Service du Roi. 1658.

Exemple de l'estime de Mr. de Luxembourg pour le mérite.

(a) UN jour que Mr. de Luxembourg marchoit à la tête d'une aîle de l'armée, il apperçut des soldats qui s'en écartoient contre l'ordre. Il envoia un Aide-de-Camp leur dire qu'ils eussent à regagner promptement leur bataillon. Tous obéirent, excepté un seul, qui poursuivit son chemin. M. de Luxembourg, fâché de l'obstination du soldat, s'y en fut lui-même, & le menaça plusieurs fois de sa canne s'il persistoit à ne point l'écouter. Le drôle lui répondit en face que s'il le frappoit, il sauroit trouver l'occasion de l'en faire repentir. Cette insolente réponse irrita tellement Mr. de Luxembourg, qu'il lui déchargea sur les épaules quelques coups de canne, qui le firent revenir à son bataillon; mais qui ne purent lui fermer la bouche.

Quelque tems après étant au siége de Furnes, Mr. de Luxembourg remarqua un soldat, qui à l'attaque de la contrescarpe se jetta le premier dans les palissades, où aiant appellé ses compagnons, il sut si bien leur frayer le chemin, que la contrescarpe fut prise. Curieux de connoître cet homme, il s'informa de lui, le caressa & lui donna beaucoup de louanges. Le soldat de son cô-

(a) On ignore le tems de ce fait.

côté, bien-aiſe d'être connu de Mr. de Luxembourg plus particuliérement, lui demanda s'il ſe ſouvenoit que dans une certaine marche quelqu'un lui avoit dit qu'il ſe repentiroit de l'avoir frappé. M. de Luxembourg s'en étant rappellé le ſouvenir: „ C'eſt moi, dit le ſoldat, „ qui vous en fis la menace, perſuadé qu'un jour vous „ auriez du regret d'avoir battu un auſſi brave homme „ que moi ". Attendri par un pareil diſcours, l'Officier-Général s'abaiſſa juſqu'à faire des excuſes au ſoldat, lui ouvrit ſa bourſe, & lui donna une place de Sergent.

A l'aſſaut de la même ville, le Sergent monta le premier à la brêche ſous les yeux de ſon bienfaiteur, qui, témoin de cette belle action, lui octroia un brevet d'Officier, & le prit vers lui en qualité de ſon Aide-de-Camp; mais il le perdit lors même qu'il lui fut redevable de ſa propre vie. Dans un autre aſſaut de place, où Mr. de Luxembourg au milieu de mille dangers ranimoit les ſoldats rebutés de la réſiſtance, cet Officier, s'étant jetté vis-à-vis de lui pour l'en garantir, tomba mort à ſes pieds percé de coups, infiniment regretté de celui qui avoit reconnu & recompenſé ſon mérite.

Affaire de Borckloo. Il bat quatorze mille Payſans ſur le Jaar.

(a) A La fin d'une campagne en Flandre, Mr. le Prince voulant établir des quartiers d'hyver ſur

(a) On ne ſait pas au juſte en quelle année.

fur le Jaar, en donna la commiſſion à Mr. de Luxembourg, qui y marcha avec quatre mille hommes. Les Payſans des environs, nullement diſpoſés à recevoir ces nouveaux hôtes, étoient venus, au nombre de quatorze mille, camper ſous les armes le long de cette rivière. Mr. de Luxembourg en eut avis, & pour leur ôter la connoiſſance de la diſproportion de ſes forces en égard aux leurs, il jugea à propos de les attaquer de nuit. Il fondit ſur eux avec impétuoſité, les défit totalement, & établit à ſon gré les quartiers qui lui avoient été marqués par Mr. le Prince.

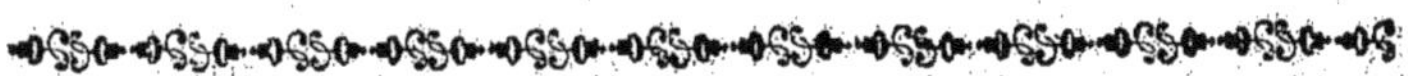

Il retourne en France avec Mr. le Prince.

CEtte année ſe paſſa preſque toute en négociations 1659.
pour la Paix, qui fut ſignée au commencement 1660.
de l'an 1659. Après ſa concluſion, Mr. le Prince rentra en France avec Mr. le Duc d'Enghien, Mr. le Comte de Boutteville & Mr. de Guitaut. Son Alteſſe alla trouver le Roi à Aix en Provence. Elle y fut préſentée à Sa Majeſté par le Cardinal Mazarin, qui fit le même honneur à Mr. le Comte de Boutteville & à toutes les perſonnes de diſtinction qui avoient ſuivi le parti du Prince.

Les Eſpagnols eurent ſoin d'acquitter toutes les dettes que ce Prince avoit contractées dans les Pays-Bas. Ils firent préſent de ſoixante mille écus à chacun des Lieutenans-Généraux de ſon armée, préſent néanmoins que

1659. 1660. Mr. le Comte de Boutteville refusa d'accepter, en disant qu'il n'avoit jamais entendu être au service du Roi d'Espagne, & qu'il ne recevoit de gratification que de la main bien-faisante du Roi de France, son Souverain. Ce refus, rapporté au Roi par le Cardinal Mazarin, plut tant à Sa Majesté, que Mr. le Comte lui aiant été présenté une seconde fois par ce Ministre, il en fut reçu avec de grands témoignages de faveur.

Mariage de Mr. de Luxembourg.

1660. MR. le Prince & Madame de Châtillon, qui devint dans la suite Princesse de Mecklenbourg, conçurent le dessein de marier Mr. le Comte de Boutteville à Mlle. de Luxembourg, issue de la dernière Princesse de ce nom & de Mr. de Clermont-Tonnere. Il y eut des obstacles à surmonter. Les Biens de cette grande Maison devoient appartenir à un fils, sorti du premier mariage de cette Princesse avec Mr. Léon d'Albert, frere du Connêtable de Luynes. Ce fils n'étoit guères capable de soutenir un nom aussi illustre que celui de Luxembourg. Mr. le Prince l'engagea à renoncer à toutes ses prétentions sur la succession future de Madame sa mere, ou pour mieux dire, à donner son approbation & son consentement à la donation que cette Princesse & Mr. de Luxembourg-Clermont vouloient faire à Mlle. leur fille en faveur de son mariage avec Mr. le Comte de Boutteville son parent. Ainsi Mr. de Luxembourg, fils du du premier lit, se démit de tout ce dont il pouvoit se démettre en faveur de ce mariage, à charge que Mr. le Comte de Boutteville & ses descendans porteroient le nom & les armes de Luxembourg, conjointement avec le nom & les armes de Montmorency; ce qui fut exécuté l'année suivante. 1660.

Il sert en Flandre comme Volontaire.

LA paix s'évanouït, & la guerre recommença contre l'Espagne. Mr. de Turenne prit encore en Flandre le commandement de l'armée, où Mr. de Luxembourg ne servit que comme Volontaire. Ils eurent ensemble plusieurs entretiens sur les projets de la campagne; mais dans lesquels celui-ci fit paroître beaucoup de jugement & de capacité. Mr. de Turenne reconnut tout le prix de son mérite, il se réserva d'en parler au Roi, & lui en rendit un si bon témoignage, que Sa Majesté n'oublia jamais de l'emploier dans toutes les occasions où il y eut de la gloire à acquérir. 1667.

Dignité qu'il obtient dans les Armées du Roi, & avec quel succès il s'en acquitte.

LE Roi, aiant résolu de soumettre la Franche-Comté à son obéissance, fit choix de Mr. le Prince pour 1668.

com-

1668. commander sous ses ordres, & nomma Mr. de Luxembourg un des Lieutenans-Généraux de ses armées. Ce Duc fut chargé de deux expéditions. Il prit Salins en très peu de tems avec les Forts qui environnent cette place, & investit Dole, dont le Roi & Mr. le Prince firent le siége. Après cette prise & celle des autres villes de la Province, Mr. de Luxembourg obtint la conduite d'un Corps d'armée que Sa Majesté envoia dans les Duchés de Luxembourg & de Limbourg; ce qui détermina les Espagnols à demander une suspension d'armes. On la leur accorda, on négocia la paix, & par un Traité, conclu à Aix-la-Chapelle, la Franche-Comté fut restituée à l'Espagne.

A quel point il justifie la confiance du Roi en sa personne.

1672. EN conséquence de la déclaration de guerre contre la Hollande, le Roi confia à Mr. de Luxembourg une armée assez considérable, qui fut encore augmentée par les troupes des Evêques de Munster & de Paderborn, jointes à celles des Princes, alliés de la France. Le Général ouvrit la campagne, en soumettant les villes de Groll & de Deventer. Le Roi de son côté subjugua Utrecht, & comme Sa Majesté jugea ensuite à propos de retourner dans ses Etats, Elle abandonna à la direction de Mr. de Luxembourg toutes les forces qu'Elle avoit dans cette étendue de Pays entre la Zuyderzée, l'Ysl'Yssel & le vieux Rhin. Elles étoient si diminuées, d'une part par les garnisons reparties dans le grand nombre des places conquises, de l'autre par le Corps d'armée que la marche des troupes de l'Electeur de Brandebourg avoit obligé le Roi de former du côté de Cologne sous les ordres de Mr. de Turenne, qu'elles ne suffisoient pas à beaucoup près pour s'opposer au Prince d'Orange, qui rassembloit du monde de tous côtés. 1672.

Cependant Mr. de Luxembourg ne s'en tint pas simplement au soin de conserver Utrecht, il entra dans le dessein qu'avoit le Roi de réduire les Hollandois à recevoir la paix. Sa résolution fut donc de pénétrer jusqu'aux extrémités de leur Pays, & en cas d'un rude hyver, de traverser, à la faveur des glaces, les canaux & les inondations qui servoient de barrières entre les deux partis. De tous les postes, dont il s'empara dans cette vûe, celui de Naerden, ville à trois lieuës d'Utrecht & à pareille distance de Leyden, l'intéressa le plus. Il y plaça le Régiment de Picardie, en donna le commandement au Comte de la Marck qui en étoit Colonel, le chargea de se mettre en état de défense, & lui promit de le secourir, s'il arrivoit qu'il fût attaqué.

Vers la fin du mois de Septembre, Mr. de Luxembourg, dont Utrecht étoit le séjour le plus ordinaire, eut des avis que le Prince d'Orange se préparoit à quelque dessein. Il crut que ce Prince, ne pouvant s'étendre au milieu des inondations, déboucheroit dans la bruyère de Naerden, le canton le plus ouvert, & qu'il ne s'agissoit que de lui barrer le passage des digues pour l'arrêter dans sa marche. Aiant sû qu'il devoit nécessairement tra-

1672. traverser un défilé près de Scraveland, il ordonna à sept ou huit mille hommes de le suivre, tant pour garder le défilé, que pour tenir l'armée Hollandoise derrière les inondations. Enfin, soit que le Prince d'Orange ne se fût proposé que d'attirer par ses mouvemens l'ennemi de ce coté-là, ou que l'arrivée du Général l'eût fait changer de résolution, il alla subitement investir Woerden. La place n'étoit nullement soutenable par elle-même; tellement que Mr. de Luxembourg n'avoit pas un moment de tems à perdre pour la secourir. Il partit presque seul du camp de Scraveland, en laissa les troupes sous le commandement d'un Maréchal-de-Camp, & vint à Utrecht, où la nouvelle lui aiant été confirmée, il manda aussitôt à l'Officier de s'y rendre avec tout son monde, & de suivre l'ordre qui lui seroit remis de sa part. Pour lui, il prit cinq des six bataillons qui composoient la garnison d'Utrecht, avec un Régiment de cavalerie qu'il y avoit mis auparavant, & marcha droit à Woerden. Le soir du même jour il arriva à portée des lignes des Hollandois, & comme il ne pouvoit y aborder qu'à travers des digues qu'il trouva défendues par des redoutes munies de canon, au-lieu de les forcer de ce côté-là, il ordonna à son infanterie de passer sur des clayes les petits canaux qui entrecoupoient les prairies. Ce fut dans cette pénible marche qu'il apprit que les troupes du camp de Scraveland ne s'étoient pas portées à Utrecht aussi promptement qu'il l'avoit esperé, & qu'il ne pouvoit en être joint que dans la journée du lendemain.

Cependant la place couroit risque d'être emportée. Ain-

Ainsi, sans attendre la jonction, Mr. de Luxembourg 1672.
continua sa marche de canaux en canaux pendant deux heures, lorsqu'enfin il se vit dans une grande prairie couverte d'eau, & qui aboutissoit au fauxbourg de Woerden, séparé de la ville par un canal sur lequel il y avoit un pont. Ici Mr. de Luxembourg dispoſa en bataille les cinq bataillons de la garnison d'Utrecht, en quoi consistoient toutes ses forces, & les fit marcher de front, droit au fauxbourg, à la tête duquel étoit, du côté de la prairie, un moulin rempli de paille. Les ennemis y mirent le feu; de sorte que par la réverberation des flammes sur l'eau qui couvroit la superficie de la prairie, ils distinguoient les troupes du Roi dans la nuit aussi clairement qu'en plein jour.

L'attaque égala la défense pour l'opiniâtreté; mais le fauxbourg aiant cédé aux efforts des François, ils voulurent passer de là à la ville, & furent arrêtés par le canal qui en faisoit la séparation. Ils se présenterent au pont qui communiquoit à la place, ils le trouverent levé; de sorte qu'après bien des peines & des pertes inutiles, ils revinrent au fauxbourg s'y mettre à couvert des épouvantables décharges qu'ils essuioient depuis long-tems.

Dans ces entrefaites le jour succéda à la nuit. Mr. de Luxembourg, jugeant qu'il ne pouvoit ni passer le canal, ni s'emparer du pont, qui jusqu'alors avoit occupé ses troupes, longea avec le reste une digue sur sa droite, où se tenoit Mr. de Zulstein. Il l'attaqua, & s'ouvrit à la pointe de l'épée un passage vers la ville assiégée. Il avançoit à grands pas, lorsqu'il parut der-

 riè-

1672. rière lui un Corps qu'il soupçonna être quelque détachement des ennemis; ce qui l'obligea de se renfermer dans la redoute. On attendoit avec impatience l'Officier commandant du camp de Scraveland; il survint, & on délibera sur le parti qu'il convenoit de prendre. La diversité d'avis détermina Mr. de Luxembourg à s'approcher de plus près pour savoir à quoi se résoudre. Le Pays étoit si couvert, qu'on n'y découvroit rien à vingt pas de distance; de sorte qu'il falloit faire bien du chemin, avant qu'on pût s'instruire de quelque particularité. En retournant de la digue, il rencontra un parti, qu'il crut à la première vûe appartenir à l'armée Hollandoise. C'étoit une partie du Régiment de Picardie, qui lui apportoit la nouvelle de la retraite du Prince d'Orange. Là-dessus Mr. de Luxembourg reprit sans obstacle le chemin de la ville, où il entra avant midi. On peut dire avec vérité que cet exploit en fut un des plus périlleux & des plus hardis qu'on eût vûs depuis long-tems.

Ses Expéditions ultérieures en Hollande.

PEndant que le Prince d'Orange avec un gros Corps de troupes étoit en quartier d'hyver à Bodegrave & Swammerdam, Mr. de Luxembourg conçut le dessein de profiter de la gelée pour pénetrer en Hollande, où les glaces sont ordinairement de longue durée. Aiant ramassé toutes ses troupes, il marcha pendant deux fois vingt-

vingt-quatre heures dans la plus rude saison, attaqua le 1672. Prince d'Orange dans ses quartiers, força les portes des deux places & se saisit du Fort de Merrebrugge, où il avoit garnison. L'entreprise étoit belle, & propre à jetter l'épouvante dans le Pays ennemi, si un dégel imprévû n'en avoit empêché les suites. Par un hazard contraire, cet accident exposa les troupes à un grand danger; mais Mr. de Luxembourg, toujours fécond en ressources dans les conjonctures les plus épineuses, sut les en garantir.

Le Roi, content de ses services, songea dès lors à l'en recompenser suivant son mérite. Il lui destinoit le bâton de Maréchal de France; mais Mr. de Louvois rendit à son ami un mauvais office, sans le vouloir. Il sollicita le même honneur pour d'autres; ce qui fut cause que Sa Majesté suspendit la promôtion & n'en fit aucune. Néanmoins ne pouvant s'empêcher de donner à Mr. de Luxembourg des marques sensibles de contentement, Elle lui confera la charge de Capitaine de ses Gardes.

Il évacue ce Pays.

Mr. de Luxembourg, sur un ordre de la Cour d'évacuer la Hollande, y ramassa toutes les troupes 1673. dispersées de côté & d'autre, & se prépara à les reconduire en France. Il ne pouvoit qu'esperer, ou de tromper la vigilance des Chefs de deux puissantes armées qui é-

1673. épioient ses démarches, ou de les intimider par une contenance dont la hardiesse leur inspirât du respect. Il réussit, passa victorieusement à travers des ennemis & revint joindre le Roi dans ses Etats. Il en fut reçu avec tout l'accueil imaginable, & avec toutes les louanges que méritoit une si belle retraite. Il eut même la satisfaction d'entendre dire à Sa Majesté que quoiqu'Elle ne l'eût pas encore créé Maréchal de France en recompense de ses services, il ne continueroit desormais à lui en rendre que comme Chef de ses armées.

Gloire qu'il partage avec Mr. le Prince. Il est créé Maréchal de France.

1674. PEu de tems après l'évacuation de la Hollande, le Roi concerta avec Mr. le Prince d'envahir la Franche-Comté. C'étoit un mystère, que l'on voila du prétexte d'envoier Mr. le Prince à Dijon pour y tenir les Etats de Bourgògne; mais afin que pendant la durée de l'assemblée il ordonnât les préparatifs, nécessaires pour la campagne. Mr. de Luxembourg, qui eut part au secret, devoit contribuer à en dérober la connoissance, en semant le bruit qu'il alloit passer quelque tems à sa terre de Ligny, d'où néanmoins il lui étoit enjoint de repartir clandestinement dès son arrivée, de rejoindre Mr. le Prince à Dijon, & de régler avec lui les mesures les plus convenables pour assembler l'armée. Il marcha sur la frontière & investit Besançon. Peu de jours

jours après, le Roi s'y rendit dans le dessein d'en faire 1674.
le siége, & voulant tenir la parole qu'il avoit donnée à Mr. de Luxembourg, il le détacha avec un gros Corps vers les Villes de . . . .

Pendant qu'il travailloit à réduire la dernière de ces places, Mr. le Prince, qui étoit allé prendre le commandement de l'armée en Flandre, y tomba malade d'un violent accès de goutte. Ce Prince avoit dépêché un courier au Roi pour l'informer que son mal le rendoit incapable de s'acquitter de son emploi, à moins qu'il ne plût à Sa Majesté de lui choisir un second; qu'il ne connoissoit dans l'armée aucun Officier sur qui il pût s'en reposer; que Mr. de Luxembourg étoit le seul en qui il eût toute la confiance possible, & qu'il espéroit que Sa Majesté voudroit bien agréer la préference qu'il lui donnoit sur tout autre. Le Roi rappella Mr. de Luxembourg, lui communiqua la lettre de Mr. le Prince, & lui dit qu'il ne prétendoit pas forcer son inclination au préjudice de la promesse qu'il lui avoit faite de ne l'emploier qu'en qualité de Chef dans ses armées, & qu'il dépendoit de lui d'en agir dans cette occasion comme il jugeroit à propos.

Mr. de Luxembourg n'opta pas dans une proposition si flatteuse pour lui. Il sentit qu'il obligeroit le Roi, il n'hésita pas à lui faire un sacrifice, en consultant le Service de Sa Majesté & en négligeant ses propres intérêts. Il partit sur le champ pour la Flandre, où Mr. le Prince, charmé de son arrivée, lui donna par ordre du Roi un Corps séparé, avec lequel il ne rejoignit l'armée que pour partager des lauriers à la fa-

1674. meuse bataille de Seneff, dans laquelle Mr. le Prince lui abandonna la conduite de la droite, sans égard pour un Lieutenant-Général, plus ancien que lui. Il seroit inutile de repeter les louanges que mérita cette aîle; on sait la part qu'elle eut à cette mémorable journée.

L'année suivante le Roi créa plusieurs Maréchaux de France, entre autres Mr. de Luxembourg, à qui Mr. le Prince laissa le commandement de l'armée de Flandre pour aller remplacer en Allemagne Mr. de Turenne, qui venoit d'y perdre la vie au grand regret de Sa Majesté. Tout ce que put faire Mr. de Luxembourg, fut de couvrir le Pays & d'empêcher aux ennemis l'exécution d'aucune entreprise, tant l'armée étoit affoiblie par la quantité de détachemens, répandus de côté & d'autre.

Il commande en Chef l'Armée en Allemagne. Raisons de l'inexécution de ses projets, approuvés par le Roi.

1676. LEs ennemis, se promettant des succès prématurés en Allemagne, entrerent de bonne heure en campagne avec deux armées, l'une commandée par le Prince Charles de Lorraine, l'autre par le Prince de Bade-Dourlach. Celle du Roi, forte d'environ cinquante mille hommes, & incomparablement moins nombreuse, attendoit l'arrivée de son Général pour commencer ses opérations. Le Prince de Bade avoit commencé les siennes en formant le blocus de Philipsbourg, malgré tous

tous les efforts d'un Officier-Général, qui étoit accouru 1676. de Lorraine pour jetter un convoi & des troupes dans la place.

Tel étoit l'état des choses, lorsque Mr. de Luxembourg partit de Schlestadt & alla au-devant du Prince de Lorraine, qui devoit faire le siége de Philipsbourg. Après quelques jours de marche, les deux armées se rencontrerent près de Broute, n'étant séparées que par un ruisseau, sur le bord duquel il y avoit des hayes, où Mr. de Luxembourg posta quelque infanterie avec des Dragons à pied. Ensuite aiant passé le ruisseau, escorté de la Garde de cavalerie, pour reconnoître de plus près les ennemis, il le repassa à leur approche. Les Impériaux voulurent le suivre; mais ils furent arrêtés & si maltraités du côté des hayes, qu'ils y perdirent quantité de monde, sans avoir pû gagner un pouce de terrein.

Néanmoins le défaut de subsistance ne permettoit pas aux deux armées de s'épier long-tems l'une & l'autre dans leurs positions. Vers la nuit Mr. de Luxembourg fit partir ses bagages, & décampa en même tems avec beaucoup d'ordre & de secret. Pour assûrer sa marche, il garnit de troupes les hayes & les environs d'un défilé, où le Prince de Lorraine, qui se proposoit de harceler l'arrière garde, fut repoussé & obligé de tourner le dos. Le Maréchal resta dans son poste, d'où il pouvoit le prévenir & l'empêcher de joindre les troupes du blocus de Philipsbourg. Au-lieu d'en essayer la jonction, le Prince prit la route de Strasbourg, dont

1676. la Régence lui ouvrit les portes, au mépris de la neutralité lui accordée par le Roi.

Philipsbourg n'en fut pas moins assiégée; il étoit même difficile de la secourir dans les circonstances présentes. Les ennemis s'étoient assûrés des bois situés à une certaine distance de la place, ils y avoient fait de grands abattis d'arbres, élevé des retranchemens, & détourné l'eau du Rhin dans les fossés de leurs lignes. Dans cet embarras, Mr. de Luxembourg conçut plusieurs projets, qu'il envoia à la Cour. Ils tendoient, ou à faire lever le siége, ou à s'emparer de Strasbourg par représailles, & le Maréchal ne désespéroit pas qu'après avoir emporté cette ville à la hâte, il auroit encore le tems de sauver Philipsbourg par l'autre côté du Rhin. La proposition d'assiéger Philipsbourg plut fort au Roi, qui promit à son Général le détachement qu'il souhaitoit pour consommer l'entreprise; mais des raisons de Cour & quelque brouillerie, survenue entre Mr. de Louvois & Mr. de Luxembourg, firent tout à coup échouer ces projets. Le tems s'écoula dans l'inaction, pendant laquelle Philipsbourg se rendit.

Le reste de la campagne se passa en marches & contre-marches, jusqu'à ce que Mr. de Luxembourg eût procuré à l'armée l'avantage de subsister dans le Pays ennemi, malgré Mr. de Lorraine, qui le côtoïa toujours avec la sienne, & qui ne put l'empêcher de lever des contributions dans plusieurs contrées de l'Empire. Il finit la campagne par la prise de Montbeillard, dont il se saisit adroitement.

Il

Il prend d'assaut la Ville de Valenciennes au risque de sa vie, & au grand étonnement du Roi.

TOus les préparatifs, destinés à conquerir Valenciennes, étant achevés, le Roi résolut de conduire les travaux du siége avec l'aide du Maréchal de Luxembourg. Sa Majesté souhaitoit passionnément d'accélerer la prise de cette importante place, dont Elle pressa Mr. de Luxembourg de faire attaquer la contrescarpe dès le lendemain. Le Maréchal, qui étoit de jour, répondit au Roi qu'il passeroit la nuit dans la tranchée, & qu'il ne dépendroit pas de ses soins que Sa Majesté ne fût satisfaite. Il demanda & obtint les troupes qu'il jugea nécessaires pour l'attaque, outre celles qui étoient de garde à la tranchée. Elles attaquerent, & eurent besoin d'être soutenues par des détachemens de Mousquetaires du Roi & par les Grénadiers à cheval, qui agirent avec tant de vigueur, qu'ils emporterent la contrescarpe après un combat des plus opiniâtres. Ils suivirent même les ennemis, & entrerent pele-mêle avec eux par le Pâté dans la place, où Mr. de Luxembourg les avoit dévancés. 1677.

En vain la garnison s'efforça de baisser la herse & de fermer la porte. Tout ce qu'elle put faire, fut de mettre le feu aux grenades, en se retirant dans la ville. Le Maréchal courut grand risque dans cette occasion. Il y

 eut

1677. eut non seulement sa perruque & son habit brulés, il y réçut encore une legère blessure à la main. Mais sans donner le tems aux ennemis de se reconnoître, il marcha brusquement avec les troupes de la tranchée droit au corps de la place, où il trouva la cavalerie en bataille. Elle s'ébranla pour le charger, lorsque le Maréchal cria à l'Officier commandant de mettre pied à terre, sous peine d'être passé au fil de l'épée depuis le premier jusqu'au dernier homme. On n'attendit pas qu'il réitérât la menace, on lui obéit sur le champ. Toute la garnison se rendit prisonnière de guerre à Mr. de Luxembourg, qui contint si bien le soldat, que Valenciennes fut prise d'assaut, sans avoir été pillée. Le Roi, frappé de cet heureux évenement, eut peine à ajouter foi à ceux qui lui en porterent la nouvelle. Sa Majesté s'avança au-devant de son Général, qu'Elle combla d'éloges.

Victoire qu'il remporte.

1678. MR. de Luxembourg campoit sur les bruyères de Saint-Denys avec l'armée du Roi, dont la droite tiroit vers ce lieu, & la gauche vers la trouée de Manuy-Saint-Pierre & de Manuy-Saint-Jean, lorsque les ennemis parurent à la pointe du jour, débouchant par le grand Rœux. Ils commencerent à pousser les gardes du camp, s'étendirent ensuite le long de la plaine, prolongerent leur droite jusque sur les hauteurs du grand Rœux

Rœux près des sources de la Teure, & mirent leur gauche vers Saint-Denys du côté d'Auray, laissant Thieusies derrière eux. Environ les dix ou onze heures du matin, ils attaquerent l'Abbaye de Saint-Denys, s'en rendirent maîtres, débusquerent le Régiment de Feuquières qui en garnissoit les hayes où étoit le quartier général, & chasserent le Régiment de . . . . . . du poste du Castiau. 1678.

Sur le midi Mr. de Luxembourg ordonna à l'armée de prendre les armes. Il en fit avancer la première ligne, la droite à côté de Saint-Denys, la gauche vers le Castiau. L'aîle gauche de la cavalerie s'approcha de la trouée de Manuy-Saint-Pierre & de Manuy-Saint-Jean, & la seconde ligne marcha au quartier de Mr. de Montal, qui formoit le blocus de Mons. Un détachement ennemi voulut passer la rivière de Haine à Obourg, on lui opposa Desbordes, Major de Navarre, qui le culbuta. En même tems furent assaillies & reprises les hayes de Saint-Denys & du Castiau; ce qui occasionna un grand combat dans les environs de la cense du dernier de ces deux endroits, occupée par les ennemis & soutenue par leur centre. Les troupes du Roi, quoiqu'elles fussent séparées du Corps de l'armée par un fond & une ravine, les passerent en foule, se maintinrent sur la hauteur en présence de toute l'armée ennemie, forcerent le Castiau, en emmenerent avec elles le Commandant, & revinrent en bon ordre rejoindre leur monde sur la fin du jour. Sans contredit, cette action fut la plus vive & la plus remarquable de la journée de Saint-Denys, où l'on ne combattit pas généralement,

 mais

1678. mais en détail de différens côtés, & par-tout à l'avantage des troupes du Roi & à la gloire de M. de Luxembourg.

L'armée Françoise attendit jusqu'à nuit clôse pour marcher au quartier de M. de Montal. Le lendemain Mr. Dicfeld & Mr. l'Intendant Robert convinrent dans une conférence que les deux armées se retireroient, chacune de leur côté, attendu la paix signée à Nimegue, & dont Mr. de Luxembourg avoit été informé la veille du combat. Les deux Généraux eurent une entrevûe pendant la retraite de l'armée du Prince d'Orange.

Lettre secrette de Mr. de Luxembourg sur son emprisonnement à la Bastille.

1679. „ IL n'y a pas moïen, Monsieur, de refuser à un aussi „ bon parent que vous ce que vous demandez avec „ tant d'instance. Vous allez être satisfait, & je vais vous „ faire le récit fidèle de mes malheurs, selon que ma mémoire pourra m'en rappeller le souvenir. S'il y a dequoi toucher un aussi bon cœur que le vôtre, vous „ n'y trouverez du moins rien qui puisse faire honte à „ l'amitié qui nous unit depuis si longtems, encore plus „ que le sang & la parenté. Ce détail ne sera, s'il vous „ plait, que pour vous, parce qu'il seroit presque aussi „ honteux à un homme comme moi d'avoir besoin d'apologies, que d'être coupable des crimes dont on a „ voulu me noircir.

„ A-

„ Avant que de vous faire l'histoire de ma prison, 1679.
„ il est nécessaire de reprendre la chose de plus loin, &
„ de vous dire en peu de mots ce qui y a donné lieu.
„ Vous connoissez *Moreau*, qui a été longtems mon In-
„ tendant. Vous vous souvenez sans doute de quelle ma-
„ nière cet homme, par une insolence qui n'est que trop
„ ordinaire aux Domestiques qui se croient nécessaires,
„ & qui ont d'autres vûes que le service de leurs Maî-
„ tres, vouloit, durant que j'étois en Hollande, se ren-
„ dre ici maître absolu de toutes choses dans ma mai-
„ son, & par une manière d'indépendance qu'il affectoit,
„ s'opiniâtroit, malgré moi, à me faire sortir par chica-
„ ne d'une affaire que je voulois finir honnêtement.
„ Comme je reconnus enfin qu'il y agissoit de mauvaise
„ foi, je souhaitai passionnément de pouvoir aller moi-
„ même arrêter ses entreprises. Ce fut ce qui m'obligea
„ de prier Mr. *de Louvois* de vouloir bien m'obtenir con-
„ gé de retourner à Paris; mais Mr. *de Louvois* trouva,
„ au-lieu de cela, l'expédient de faire arrêter cet hom-
„ me: ce qu'il fit, & me le manda aussitôt.

„ Après que *Moreau* fut mis à la Bastille, suivant cet
„ expédient de Mr. *de Louvois*, on se servit, au-lieu de
„ lui, pour mes affaires, de *Prieur*, qui étoit mon Procu-
„ reur. Mais comme il étoit chargé de beaucoup d'autres
„ affaires, il demanda d'être soulagé dans les miennes par
„ quelqu'un qui pût agir sous ses ordres dans celles qui
„ seroient moins difficiles, & de moindre conséquence.
„ On m'en écrivit à l'armée où j'étois, & je n'eus pas
„ de peine à y consentir, pourvû qu'il fît lui-même
„ choix de celui qui lui conviendroit davantage pour

1679. „ le bien de mes affaires, afin de lui ôter tout prétexte „ de n'y pas donner tous les soins nécessaires. Il choisit „ donc un garçon, qui avoit été son Clerc durant qua- „ torze ans, nommé *Bonnart*, que je ne connoissois point, „ & avec qui je n'eus même depuis nul commerce, par- „ ce qu'il n'agissoit que sous les ordres de *Prieur*, ou du „ Procureur-Fiscal du Comté de Ligny, qui seuls me „ rendoient toujours compte de tout, sans lui en laisser „ jamais le soin, ni l'emploier à autre chose qu'à exé- „ cuter les commissions qu'ils lui donnoient.

„ Durant que *Bonnart* agissoit ainsi sous *Prieur*, j'a- „ vois une affaire avec plusieurs Particuliers pour la „ coupe des bois de la forêt de Ligny, que je leur avois „ vendue, il y avoit plusieurs années. Ces gens-là, qui „ avoient traité avec moi par l'entremise d'un nommé „ *du Pin*, l'un de leurs associés, crurent qu'il en avoit „ usé avec eux de mauvaise foi; & étant venus pour „ s'en éclaircir avec moi, reconnurent, par le récit naïf „ que je leur fis de ce qui s'étoit passé entre cet hom- „ me & moi, qu'il les trompoit de dix mille écus, que „ j'avois cru devoir tourner au profit de leur Commu- „ nauté. Cela fit qu'ils ne voulurent plus tenir le mar- „ ché qu'ils avoient fait avec moi, & pour n'y être pas „ contraints en Justice, ils firent disparoître le nommé „ *le Moine*, sous le nom duquel ils avoient fait leur trai- „ té, & qui avoit seul signé pour eux tous, parce „ que la plûpart d'entre eux étant comptables dans les „ affaires du Roi, j'avois cru devoir prendre cette pré- „ caution avec eux. Ils m'avoient aussi promis une cau- „ tion; mais au-lieu de me tenir parole, ils m'ôterent „ mê-

„ même, par l'évasion de *le Moine*, le moïen de faire voir 1679.
„ que c'étoit pour eux qu'il avoit traité de mes bois.

„ Je fus dans cette peine durant plusieurs années, sans „ savoir à qui m'en prendre, tant que cet homme de„ meura caché. Mais enfin il fut trouvé, & arrêté du„ rant que j'étois à l'armée, & l'on sut par lui que les „ papiers, qui justifioient que ces Mrs. étoient les véri„ tables marchands de mes bois, étoient chez *du Pin*; „ de sorte qu'on y fit aussitôt mettre le scellé. *Bonnart* „ aiant été chargé de garder le scellé, il rencontra dans „ ce logis une fille entretenue par *du Pin*, qui lui dit qu'el„ le étoit grosse, & qui lui parut fort mécontente du „ peu de soin que *du Pin* avoit d'elle, & fort disposée à „ profiter de la première occasion qui se présenteroit de se „ tirer de la misère. Elle lui dit que si elle l'avoit connu „ plûtôt, elle lui auroit donné les papiers qu'il cherchoit; „ qu'elle craignoit que *du Pin* ne les eût enlevés lors„ qu'on mit le scellé; mais qu'elle espéroit trouver le „ moïen de les retirer de ses mains. *Bonnart* composa a„ vec elle à huit cens écus, qu'il promit de lui donner „ en recevant ces papiers; mais peu de tems après, cette „ fille désesperant de les pouvoir retirer par elle-même, „ elle mena *Bonnart* chez une femme, par le moïen de „ laquelle elle promettoit de les lui faire trouver.

„ Toute la ressource de cette autre femme étoit dans „ l'art de *le Sage*, devenu si fameux par ses crimes, „ qu'il est encore à la Bastille. Ce fut à cet homme „ qu'on adressa *Bonnart*, qui donna, en vrai sot, dans „ toutes ses impostures, comme je l'ai appris depuis, „ & observa toutes les profanations, déguisées en exer-

„ ci-

1679. „ cices de piété, que ce scélerat lui fit observer pour le „ bien disposer à retrouver ces papiers. Il commença „ par une confession, qu'il fit par son ordre, & il alla „ ensuite, pendant neuf jours, en trois Eglises différen- „ tes, dire en l'une trois *Laudate*, en l'autre trois *Magnificat*, & trois *Te Deum* dans la dernière. Après ces „ belles dispositions, *le Sage* lui fit écrire un billet, par „ lequel il demandoit en mon nom, & au nom de ma „ femme, & de ma belle-sœur, que les Actes d'asso- „ ciation, passés, entre *l'Huillier*, *Benoist*, *du Pin*, *des* „ *Escoutes*, *Bastonneau* & *Pijart*, pour le marché de „ mes bois de Ligny, & l'indemnité qu'ils en avoient „ donnée à *le Moine*, sous le nom duquel étoit le trai- „ té, mais qui n'étoit en effet que leur valet, fus- „ sent remis à la Demoiselle de *du Pin*, à condition „ qu'elle ne pût les donner à d'autres qu'à lui, sous „ peine d'être impuissante. C'étoient les termes de ce „ billet, & de plusieurs autres semblables, que *le Sage* „ exigea encore depuis de *Bonnart*, lui marquant tou- „ jours que ces mots étoient nécessaires, & avoient „ beaucoup de force pour l'effet qu'ils en prétendoient.

„ Toutes ces belles négociations de *Bonnart* se passe- „ rent durant que j'étois à l'armée, où l'on me manda „ au camp de Weter, avant que le Roi en partît après „ avoir fait la paix avec la Hollande, que j'aurois satis- „ faction du procès que j'avois pour mes bois de Lig- „ ny, parce qu'on avoit promis à *Bonnart* tous les pa- „ piers nécessaires. Mais comme j'étois plus occupé du „ service que je tâchois de rendre, que de mes affaires „ domestiques, je laissai passer tout le reste de la cam-

„ pa-

„ pagne, sans songer à celle-ci, excepté qu'étant en 1679.
„ quartier de fourrage, où l'on a plus de loisir, je té-
„ moignai par une lettre mon étonnement de ce qu'el-
„ le n'étoit point encore terminée, & on ne m'y répon-
„ dit autre chose, sinon que *Bonnart* esperoit toujours
„ d'y réussir.

„ A mon retour, je trouvai l'affaire en état d'être
„ jugée, & *Prieur* dans la même esperance de recouvrer
„ ces papiers nécessaires par le moïen de *Bonnart*, qui
„ les lui promettoit tous les jours. Me trouvant enfin
„ à la surveille du Jugement de ce procès, & ayant pas-
„ sé sur le soir chez *Prieur* pour l'informer des sollici-
„ tations que j'avois faites chez mes Juges, j'appris de
„ lui que *Bonnart* ne faisoit que de sortir de son logis,
„ & qu'il lui avoit promis de lui mener la nuit suivan-
„ te un de ceux qui s'étoient engagés à lui remettre
„ mes papiers; mais qu'au-lieu de huit cens écus, il en
„ demandoit deux mille. Le besoin pressant, où j'é-
„ tois d'avoir ces papiers pour le gain certain de mon
„ procès, me fit consentir à donner cette somme, &
„ je laissai chez *Prieur* un Valet-de-chambre pour venir
„ me donner avis de ce qui se seroit passé, afin qu'on
„ portât, d'abord qu'on auroit les papiers, cet argent
„ dont on étoit convenu. Mais ni *Bonnart*, ni aucun
„ autre ne parut cette nuit chez *Prieur*. Au-lieu de ce-
„ la, *Bonnart* vint me trouver à la pointe du jour, &
„ m'éveilla pour me demander un Pouvoir, qu'il disoit
„ être nécessaire, afin de retirer ces papiers. Il me le
„ donna tout dressé de sa main, & me le fit signer dans
„ mon lit dans l'obscurité; de sorte que pour plus de

1679. » sûreté, je le fis lire & examiner à la fenêtre par le » Procureur-Fiscal de Ligny, qui n'y trouva rien à di- » re. Vous verrez cependant que ce même Pouvoir, » avec les impertinens billets que *Bonnart* avoit donnés » à *le Sage*, fut la source de toutes les accusations dont » on a tâché de me charger.

» Comme je me fus rendormi après avoir congédié » *Bonnart*, *du Parc* vint trois heures après à ma porte, » & demanda à me parler. Cet homme, que je con- » noissois pour l'avoir vû, il y avoit treize ou quatorze » ans, me dit d'abord qu'il avoit à me parler d'une af- » faire de conséquence, & qu'étant mon serviteur de » longue main, il venoit me proposer de m'accommo- » der avec mes marchands de bois, m'offrant de leur » part une somme pour m'obliger à les tenir quittes de » leur marché. Il ajouta que je cacherois par-là une » chose qui me feroit tort dans le monde, lorsqu'on » sauroit que mon homme d'affaires, c'est-à-dire *Bon-* » *nart*, faisoit en mon nom des pactes avec le Diable. » Quoique je ne fisse pas d'un rapport, si extraordinai- » re & si peu vraisemblable, tout l'état que la chose » méritoit, je ne laissai pas, après avoir promis à *du* » *Parc* de me rendre chez lui à trois heures pour écou- » ter les propositions de mes marchands de bois, d'en- » voier chercher *Bonnart*. On fut pour cela chez *Prieur*, » au Palais, & chez sa mere, qui dit qu'elle croioit » qu'il dînoit à un cabaret proche de là, où il man- » geoit presque tous les jours avec des gens qu'elle ne » connoissoit pas. Mais comme *Bonnart* ne paroissoit » point, quoiqu'il fût déjà près de midi, & quoiqu'il eût

» pro-

„ promis de rapporter ces papiers à dix heures préci- 1679.
„ ses, je commençai à faire plus de réflexion sur ce que
„ m'avoit dit *du Parc* des pactes qu'il faisoit en mon
„ nom. Je crus qu'au moins le plus sûr étoit d'en in-
„ former au-plûtôt Mr. *de Louvois*, & de le prier de
„ faire arrêter *Bonnart*; je fus sur le champ le trouver
„ pour cela. Mais il me dit qu'il ne faisoit arrêter les
„ gens que pour les poisons, & que si ce *Bonnart* avoit
„ fait quelque sottise, je n'avois qu'à le chasser. Ne me
„ contentant pas de cela, j'envoiai au Procureur du
„ Roi du nouveau Châtelet, qui étoit aussi Procureur-
„ Général de la Chambre de l'Arsenal, pour faire dé-
„ creter contre lui; & il avoit promis de le faire, com-
„ me il l'auroit fait sans doute, s'il n'avoit point reçu
„ d'ordre contraire. Quoi qu'il en soit, je fus à trois
„ heures, comme je l'avois promis, chez *du Parc* où
„ mes marchands de bois m'attendoient, & d'où nous
„ nous rendîmes tous chez *l'Homeau*, mon Avocat. La
„ Princesse *de Tingry* & *Prieur* y vinrent avec moi.
„ L'affaire y aiant été contestée jusqu'à dix heures du
„ soir, ces Mrs. voulurent me faire offrir par *du Parc*,
„ qui faisoit là l'office de médiateur, de rendre tous
„ les billets que *Bonnart* avoit signés, & qu'ils préten-
„ doient être des pactes avec le Diable, ne doutant
„ point que je ne dusse compter cela pour quelque
„ chose. Mais je ne voulus nullement y entendre, ne
„ comprenant pas de quelle utilité, ou de quel dom-
„ mage pourroient m'être ces billets extravagans, où
„ tout homme sage jugeroit assez que je ne pouvois
„ avoir aucune part. Et je puis dire que ma fermeté

1679. „ en cette rencontre, & la confiance que j'eus en mon „ innocence, de laquelle *l'Homeau* & *Prieur*, qui vi„ vent encore, furent témoins, ont servi de fondement „ à tout le mal qu'on a tâché de me faire depuis.

„ Cependant, après que nous nous fûmes ainsi sépa„ rés sans rien faire, j'envoiai encore chercher *Bonnart*, „ sans en pouvoir apprendre de nouvelles; ce qui fut „ cause que me trouvant en lieu de prendre conseil, „ je le demandai à *l'Homeau* & à *Prieur*, qui furent „ tous deux d'avis que je fisse une plainte devant le „ Commissaire de ce qu'aiant signé le matin un Pou„ voir à un homme qui devoit revenir me trouver à „ dix heures, je n'en avois point ouï parler depuis; de „ sorte que j'avois lieu de craindre qu'il n'eût abusé de „ mon Pouvoir. Le Commissaire étant venu, je signai „ cette plainte devant lui, & il alla aussi-tôt au logis de „ *Bonnart*, où il ne le trouva point. Trois jours après, „ *Prieur* me dit que l'homme d'affaires de Mr. d'*Al*„ *bret*, qui avoit été autrefois camarade de *Bonnart*, „ lorsqu'ils étoient tous deux ses Clercs, avoit décou„ vert où il s'étoit retiré, & qu'il avoit tiré parole de „ lui qu'il me viendroit trouver, pourvû que je pro„ misse de ne lui point faire de mal. Je le promis, à „ condition que *Bonnart*, avant que de venir me trou„ ver, iroit déposer devant le Commissaire comment „ les choses s'étoient passées. Il y consentit, & la dé„ position, qu'il fit, portoit tout ce que je viens de di„ re de son manège avec la Demoiselle de *du Pin* pour „ retirer mes papiers, ainsi qu'avec *le Sage*, à qui il „ avoit donné mon Pouvoir, & qui avoit été pris une „ heu-

„ heure après & mené à la Bastille. Sa déclaration 1679.
„ portoit aussi qu'il lui avoit donné ce Pouvoir dans le
„ lieu même où j'avois prié Mr. *de Louvois* de les en-
„ voier prendre, & en présence d'un nommé *Bottot*,
„ qui étoit une espèce de fripon de profession, digne
„ ami de *le Sage*, & que *la Gardette*, Procureur de mes
„ Parties dans l'affaire de mes bois, faisoit tenir auprès
„ de *Bonnart* pour découvrir tout ce qui pourroit leur
„ être utile.

„ Après que *Bonnart* eut fait sa déposition devant le
„ Commissaire, *Prieur* me l'aiant amené, je ne fis autre
„ chose que de suivre à son égard la conduite que Mr.
„ *de Louvois* m'avoit marquée, lui déclarant que je ne
„ voulois point qu'il entrât jamais dans ma maison, ni
„ qu'il se mêlât de mes affaires, & que si cela lui arri-
„ voit, je saurois bien l'en faire punir.

„ Je ne songeois plus à cet homme, lorsque *du Parc*
„ revint me trouver, & me dit qu'encore que je n'eus-
„ se pû prouver que *l'Huillier* & ses associés, avec les-
„ quels il avoit voulu m'accommoder, fussent les vé-
„ ritables marchands de mes bois; néanmoins ils vou-
„ loient bien s'accommoder avec moi pour n'être plus
„ inquiétés là-dessus. J'y consentis, & voulus bien m'en
„ remettre à *du Parc* même, qui régla que je les en quit-
„ terois à vingt milles livres.

„ L'affaire étant ainsi consommée, *du Parc* me ren-
„ voia le lendemain plusieurs de ces impertinens billets
„ que *le Sage* s'étoit fait donner par *Bonnart*, & qui
„ avoient sans doute été remis à *du Parc* par *l'Huillier*,
„ qui n'avoit pû les avoir que de *le Sage*, auteur de

1679. „ toute cette trame de perfidie & d'iniquité. Quoi qu'il „ en soit, après avoir vû ces billets, je les renvoiai à „ *du Parc*, lui mandant que j'en faisois si peu de cas, „ que je croiois qu'il étoit mieux qu'ils demeurassent „ entre les mains de ceux qui avoient été capables de les „ inventer, & qui en pouvoient faire d'autres pareils „ quand il leur plairoit.

„ Je demeurai quelques mois en repos sur cette affai- „ re, sans me mettre fort en peine des bruits absurdes „ qui commencerent à courir, & qui se réfutoient, ce „ me sembloit, assez d'eux-mêmes dans l'esprit des hon- „ nêtes gens, jusqu'à ce que *du Bouchet* vint m'appren- „ dre qu'un Ecclésiastique de ses amis lui avoit dit qu'il „ avoit vû un écrit signé de ma main, par lequel je „ me donnois au Diable. Je priai *du Bouchet* d'aller sans „ délai chercher son ami & d'approfondir la chose. „ Il me rapporta que cet Ecclésiastique assûroit avoir vû „ un billet de *Bonnart* du style que j'ai marqué ci-des- „ sus, & que *la Gardette*, Procureur de *l'Huillier*, lui „ en avoit montré un autre, signé MONTMORENCY- „ LUXEMBOURG, dont il n'avoit vû que la signature, „ & qu'il lui avoit dit : *Voilà Mr. de Luxembourg, qui* „ *fait bien pis.* Mr. *de Louvois* m'envoia prier d'aller „ chez lui. J'y fus à l'instant, & j'appris de lui qu'on „ parloit de moi à la Chambre de l'Arsenal, établie con- „ tre les Empoisonneurs. Cela me surprit, sans m'allar- „ mer ; & comme il me proposa de m'absenter si j'a- „ vois fait quelque chose qui pût me faire de la peine, „ je lui dis que bien loin de m'éloigner, si j'étois ac- „ cusé, je me croirois obligé de revenir du bout du

„ Mon-

„ Monde pour me justifier. Cependant, comme il me „ déclara qu'il me le disoit de la part du Roi, j'allai le „ lendemain à Sa Majesté, qui me fit l'honneur de me „ dire que si je n'avois rien signé de mal, je n'avois pas „ sujet de me mettre en peine; que *le Sage* disoit que „ je me voulois servir de son art pour faire mourir ma „ femme, *du Pin* & le Maréchal *de Crequy*, & pour „ me mettre dans les bonnes graces de Sa Majesté. Mr. „ *de Louvois* ajoutoit à cela qu'entre une infinité de cho„ ses dont *Bonnart* & *Boitot* m'accusoient, ils déposoient „ que je leur avois fait tuer la Maitresse de *du Pin*, „ qu'ils l'avoient coupée en quatre quartiers, & jettée „ à la rivière par mon ordre. 1679.

„ Des choses si extraordinaires, à force d'être terri„ bles, ne me le parurent point; de sorte que je me con„ tentai de dire simplement au Roi qu'il n'y avoit pas „ un mot de vrai à toutes ces accusations, & cela m'en„ gagea à lui rendre compte de ce qui m'avoit fait con„ noître *le Sage*.

„ Je sais tous les bruits qui se sont répandus; qu'il a„ voit été dans la Compagnie des Gardes du Corps que „ j'avois l'honneur de commander; que je l'avois tiré „ des Galères, & que je m'étois fié à lui de beaucoup „ de choses. Mais la vérité est qu'avant ma prison, je „ ne l'avois jamais vû qu'une seule & unique fois chez „ Madame *de Fonteite*, où Mr. le Marquis *de la Bou„ laye*, qui y logeoit, peut m'être témoin que j'ai été „ le trouver plusieurs fois pour une affaire d'intérêt, „ dans laquelle j'aurois pû m'engager, si j'avois été ca„ pable de mêler le bien d'autrui avec le mien. Mais je

„ re-

1679. „ remets à vous apprendre jusqu'où a été tout le commerce que j'ai jamais eu avec *le Sage*, en vous faisant „ le récit de la Bastille, & de la manière dont je connus „ chez elle cet homme, qui ne demeura pas fort satisfait de moi.

„ Quinze jours après que j'eus eu l'honneur de parler au Roi de la manière que j'ai dit, Mr. *de Noailles* „ entra dans ma chambre, & me dit que ce matin-là-„ même on avoit décreté contre moi, & que Sa Majesté l'avoit chargé de me le dire. Il me conseilla en „ même tems de me sauver; mais comme je ne me sentois pas plus coupable que lorsque Mr. *de Louvois* me „ l'avoit proposé, je lui fis aussi la même réponse. Il „ vint trois ou quatre fois du Château chez moi me faire sur cela de nouvelles instances, & me trouvant toujours le même, il me dit enfin que j'irois donc à la „ Bastille. J'en acceptai le parti, & priai seulement que „ je n'y fusse point conduit par cet homme qui y mene „ tant de misérables, lesquels en sortent d'ordinaire mal. „ Il revint peu après me dire que j'y serois mené par „ les Gardes du Roi, ou que je n'avois qu'à m'y rendre „ moi-même, sans y être conduit; ce qui me plut beaucoup davantage. Je pris donc la résolution de me rendre à la Bastille, sans parler à personne, pour n'avoir „ d'autre secours que celui de mon innocence, & je „ l'exécutai comme je l'avois résolu, après avoir laissé „ en mon logis l'argent que j'avois sur moi, pour ne „ donner aucun lieu de croire, si l'on me fouilloit, que „ j'eusse eu dessein de tenter la fidélité de mes Gardes, „ ni de gagner personne.

„ Le

„ Le desagrément d'avoir été mis en prison est si 1679.
„ considérable, que cela m'empêche de compter pour
„ quelque chose ce que j'y ai enduré. Il ne faut pour-
„ tant pas que cela manque à votre curiosité, puisqu'il
„ s'agit de l'histoire de mes malheurs. Je fus deux jours
„ dans une chambre assez grande, où j'avois la conso-
„ lation de pouvoir me promener ; mais j'en fus bientôt
„ privé, & l'on me mit dans une autre petite cham-
„ bre, qui n'avoit que six pas & demi de long ; ce qui
„ augmenta de telle sorte les vapeurs auxquelles vous
„ savez que je suis sujet, qu'il m'est arrivé plus d'une
„ fois de tomber, en voulant faire un pas. Cette incom-
„ modité étoit accompagnée de celle d'être obligé de
„ souffrir tous les jours les odeurs de toutes sortes d'or-
„ dures qu'on apportoit le matin durant deux heures,
„ & autant le soir, en un vilain endroit qui joignoit la
„ porte de ma chambre. Je ne pouvois m'en garantir,
„ ni la diminuer, en ouvrant la fenêtre, parce qu'il y
„ avoit au-dessous des femmes qui y jettoient toutes
„ leurs ordures, & qu'il sortoit du fossé une exhalaison
„ que Mr. *de Bezemeaux* avoüoit être fort puante ; si
„ bien que j'étois toujours obligé de tenir la fenêtre fer-
„ mée, dont je ne pouvois même recevoir beaucoup
„ d'air, à cause de sa petitesse & de l'épaisseur de la mu-
„ raille. Ne pouvant donc me promener, comme c'est
„ une chose trop incommode de demeurer toujours
„ debout dans une même situation, je passois tout le
„ tems assis à lire, & pour le pouvoir faire & profiter
„ du jour de la fenêtre, j'étois obligé d'avoir toujours
„ les reins vers le feu ; ce qui m'a causé des douleurs

1679. „ qui ne m'ont point quitté depuis, & que je crains de „ garder toute ma vie. L'exactitude de Mr. *de Bezemeaux* étoit si grande, qu'un soir que je me mourois „ de vapeurs, l'aiant prié de trouver bon que je fisse „ porter une chaise à une fenêtre vis-à-vis de ma cham„ bre pour respirer durant un quart d'heure un air plus „ libre, pendant qu'il étoit là présent avec tous ses Of„ ficiers, je ne pus jamais l'obtenir; & pour mar„ quer enfin ce que ce pouvoit être ce bel appartement „ qu'on m'avoit si bien choisi, c'est tout vous dire „ qu'aiant levé par hazard un endroit de la tapisserie „ qu'on y avoit mise, j'y trouvai marqués les noms d'u„ ne infinité de Malfaiteurs, dont on ne conservoit „ ainsi la mémoire que parce qu'ils en étoient sortis „ pour aller à la roue, au gibet, ou sur un échaf„ faut. Parmi ces noms, rendus infâmes par de grands „ crimes, je ne pus voir sans douleur celui du pauvre „ Chevalier *de Rohan*. Mais ces incommodités du loge„ ment ne doivent être comptées pour quelque chose „ que lorsqu'on n'a pas d'autres indignités plus grandes „ & plus desagréables à souffrir.

„ Comme je fus donc entré un Mercredi à la Bastil„ le, Mrs. *de Bezons* & *de la Reynie* vinrent le Vendre„ di suivant après midi pour m'interroger; ce qu'ils „ firent pour la première fois assez succintement, par„ ce que j'avois beaucoup de choses à leur dire, & qu'ils „ ne vouloient le faire que pour la forme, sans rien ap„ profondir; encore ne la garderent-ils pas, puisqu'ils „ ne me dirent point, comme ils le devoient, de quoi „ j'étois accusé, ainsi qu'on a coutume de le prati„ quer.

„ Je

„ Je me crus obligé, avant que d'entrer en matière, 1679. „ de leur déclarer que je favois bien qu'ils n'étoient pas „ mes Juges, & que je n'en pouvois avoir d'autres que „ Mrs. du Parlement. Je leur dis enfuite que comme „ Mr. *de Bezemeaux* m'avoit montré un ordre du Roi „ pour permettre qu'ils me parlaffent, j'avois non feule- „ ment un grand defir d'y obéir; mais encore une fi for- „ te paffion de faire tout ce que je croirois être agré- „ able à Sa Majefté, que je voulois bien les reconnoître „ pour mes Juges. Après leur avoir fait ma proteftation „ que je ne le faifois que par la foumiffion que j'avois „ pour la volonté du Roi, je demandai que cette pro- „ teftation fût écrite à la tête des interrogations qu'ils „ m'alloient faire, afin que les Pairs de France, mes „ confreres, & Mrs. du Parlement, du Corps duquel „ nous fommes, n'euffent pas lieu de me faire des repro- „ ches de n'avoir pas foutenu nos privilèges. Si j'avois „ cru ces deux Mrs., je n'aurois pas fait écrire cela: mais „ je m'y opiniâtrai, & Mr. *de la Reynie* le dicta à fon „ Greffier dans le fens à peu près que je l'avois dit; „ mais non pas dans les mêmes termes, que je ne trou- „ vois pas auffi bien que ceux dont je m'étois fervi. Je „ ne m'attachai point cependant à les faire corriger, „ mon peu d'expérience à répondre en Juftice me fai- „ fant croire qu'il falloit avoir en cela de la déference „ pour mes Commiffaires. La furprife, que ce m'étoit „ de me voir accufé de chofes noires & infâmes, me „ donna de l'impatience d'entendre ce qu'on avoit à „ me demander pour y répondre, & cela confuma beau- „ coup de tems. J'en emploiai encore confidérable-

1679. „ ment à leur faire comprendre de quelle manière *Bonnart* étoit entré à mon ſervice, après que *Moreau* eût „ été mis à la Baſtille, ainſi que je vous l'ai raconté ci-„ deſſus.

„ Le diſcours donna lieu à pluſieurs queſtions de peu „ de conſéquence que ces Mrs. me firent, auxquelles il „ fallut que je répondiſſe avant que de tomber ſur les „ ſottiſes que *Bonnart* avoit faites dans le procès que „ j'avois pour la vente des bois de Ligny. Mais lorſ-„ qu'ils m'en parlerent, je jugeai à propos & néceſ-„ ſaire de leur faire le recit de la manière dont j'étois „ entré dans ce marché, & il fallut pour cela remon-„ ter au tems que *du Pin* ſe préſenta pour acheter, a-„ vec d'autres qu'il s'aſſocieroit, la coupe de cette fo-„ rêt, dont il me parla la première fois à Fontainebleau „ chez Mr. *du Boulay-Favier*, il y a plus de quinze ans.

„ Cette narration, avec les autres choſes que je „ viens de dire, conſumerent toute l'après-dînée, & les „ queſtions, que me firent ces Mrs., étoient ſi peu im-„ portantes, qu'il étoit aiſé de voir qu'ils ne les faiſoient „ que pour la forme, afin ſans doute de pouvoir dire „ qu'ils m'avoient interrogé deux jours après que je fus „ mis à la Baſtille, & de m'y laiſſer enſuite autant de „ tems qu'il leur faudroit pour chercher, ou pour in-„ venter contre moi des choſes plus fâcheuſes que celles „ dont ils avoient connoiſſance. Ce ſoupçon ne ſemblera „ pas pris trop legérement à quiconque conſidérera com-„ bien c'étoit une choſe extraordinaire de décreter con-„ tre un homme comme moi, dans l'eſperance qu'on „ trouveroit dans la ſuite des gens qui parleroient con-

„ tre

„ tre lui, après qu'il auroit été arrêté. Car c'est ainsi 1679.
„ qu'il plut à Mr. *de la Reynie* d'en user à mon égard,
„ & il crut qu'il suffisoit, pour se mettre à couvert des
„ reproches qu'on pourroit lui faire d'un procédé si ir-
„ régulier, de dire, comme il fit à Mrs. de la Cham-
„ bre, que le Roi, aiant l'original d'un papier qu'il
„ leur figura à sa mode, & qu'il assûroit faussement
„ être écrit de ma main, Sa Majesté vouloit qu'on s'en
„ rapportât à ce qu'il leur en diroit, comme s'il le leur
„ eût montré.

„ Quoi qu'il en soit, il se passa depuis lors cinq se-
„ maines, jour pour jour, sans que j'entendisse parler
„ de ces Mrs. Vous jugez bien que ce terme devoit pa-
„ roître long à un homme qui ne sentoit rien au-de-
„ dans de lui-même qui dût lui faire desirer la prolon-
„ gation de son procès, ni en appréhender les suites. Je
„ me plaignois donc souvent de ces délais, & je disois
„ à Mr. *de Bezemeaux* que puisque j'avois fait les pre-
„ miers pas pour me justifier, j'aurois eu lieu de croire
„ qu'on auroit dû faire les autres avec plus de promp-
„ titude, & que si j'eusse prévû qu'on eût dû si peu
„ avancer dans mon affaire, j'aurois supplié le Roi, a-
„ vant que d'aller à la Bastille, d'ordonner qu'on y
„ apportât plus de diligence. Je le chargeai aussi plu-
„ sieurs fois de dire à ces Mrs. l'étonnement où j'étois
„ de ce qu'ils ne m'interrogeoient point, & que je sa-
„ vois qu'on ne pouvoit être où j'étois que de deux
„ manières, ou par la volonté du Maître, ou par l'or-
„ dre de la Justice; que quant à la première, je ne
„ croiois point avoir déplu au Roi; que ce n'étoit pas

1679. „ pour cela que j'étois à la Bastille, & que Sa Majesté „ m'en avoit fait dire les raisons; que puisqu'il y avoit „ donc un décret contre moi donné en Justice, cette „ même Justice vouloit qu'on apportât plus de diligence „ à reconnoître mes crimes, ou mon innocence; que si „ j'eusse été dans une prison ordinaire, j'aurois présenté „ des Requêtes pour être bientôt condamné, ou absous; „ que dans celle, où j'étois, cette liberté m'étoit refu- „ sée, mais que s'ils m'y laissoient encore long-tems de „ la sorte, je me plaindrois un jour d'eux de m'avoir „ dénié la justice.

„ Ce fut durant ce tems-là que je regrettai plusieurs „ fois de n'avoir pas gardé le papier & l'écritoire que „ mes gens m'apporterent le premier jour que je fus à la „ Bastille, & que je remis à Mr. *de Bezemeaux*, ne pré- „ voiant pas l'extrême besoin que j'en devois avoir dans „ la suite. Je lui demandai alors qu'il me fût permis „ d'écrire à Mr. *de Louvois*, pour le prier de parler au „ Roi des délais cruels de mes Juges; mais Mr. *de Beze-* „ *meaux* me fit réponse....... ; que Mr. *de Louvois* „ n'avoit pas voulu que je lui écrivisse; que je n'avois „ qu'à lui dire ce que je voulois lui mander, & qu'il le „ lui feroit savoir. A quoi je repliquai que j'étois ac- „ coutumé à écrire moi-même à Mr. *de Louvois*, & „ que s'il falloit que j'en perdisse l'habitude, je ne don- „ nerois pas ce soin à un autre. Mais je souhaitois en- „ core plus d'avoir du papier & de l'encre pour dresser „ un Mémoire, par lequel je prétendois prouver claire- „ ment mon innocence, & faire voir que toutes les „ choses, dont j'étois accusé, avoient été inventées par

„ mes

„ mes ennemis; que *l'Huillier* avec *la Gardette* & *Boi-* 1679.
„ *tot* avoient commencé à donner lieu à tout ce tissu
„ d'iniquités & de perfidies, conduit ensuite par *le*
„ *Sage*. Cela demandoit un recit trop long, & trop
„ mêlé de menues circonstances, pour pouvoir être dé-
„ veloppé autrement que sur le papier, que j'offrois
„ de recevoir par compte, afin qu'on vît que je ne
„ l'emploiois à aucun autre usage. Dans l'attente, où
„ j'étois qu'on ne me refuseroit pas ce juste moïen de
„ me défendre, j'avois fort ébauché ce Mémoire sur de
„ vieilles Lettres, où j'avois écrit entre les lignes, aiant
„ fait une sorte d'encre avec du vin & de la suie; mais
„ tout cela fut inutile, & l'on me refusa jusqu'au bout
„ cette petite consolation.

„ Toutes mes demandes n'aiant rien produit, non
„ plus que mes plaintes, enfin après les cinq semaines
„ entières, Mrs. *de Bezons* & *de la Reynie* revinrent m'in-
„ terroger, sans que j'en eusse eû aucun avis, sinon que
„ dans le moment même le Lieutenant de la Bastille me
„ dit qu'ils étoient au pied de mon dégré, & qu'ils l'en-
„ voioient savoir si j'étois en état de les recevoir. Je vous
„ laisse à penser s'ils furent les bien-venus, après avoir
„ été si long-tems attendus avec impatience.

„ Ils me dirent d'abord qu'ils avoient travaillé inces-
„ sammênt pour mettre les choses en état, afin qu'ils
„ pussent venir ce jour-là, & qu'ils n'avoient pû le fai-
„ re plûtôt. Je ne crus pas leur en devoir de grands re-
„ mercimens, & j'avois trop envie de bien ménager le
„ tems pour avancer cette affaire.

„ Cette première fois que ces Mrs. vinrent m'inter-

„ ro-

1679. „ roger, ils ne me parlerent non plus de ce qui se passoit dans le Monde, que s'il n'y en eût point eu. Ils „ écouterent ce que je leur disois, me questionnant sur „ les choses qu'il leur plut de me demander; & comme „ ils étoient entrés en me faisant de grandes & profondes réverences, ils en firent de semblables en sortant, „ & s'en allerent.

„ A leur seconde visite, Mr. *de Bezons* me parla de „ son fils qui avoit servi sous moi, & il le fit d'une maniére à vouloir me faire comprendre que son fils m'avoit de l'obligation. Il se fit aussi un mérite auprès de „ moi sur des papiers qu'il avoit retirés de Toulouse à „ la prière de Mr. *Hotman*, & qu'il m'avoit envoiés „ pour l'affaire de Mr. *du Massey*, disant qu'il m'avoit „ été fort avantageux de les avoir, & qu'en les produisant, je ne pouvois manquer de gagner mon procès. „ A propos de Mr. *du Massey*, Mr. *de la Reynie* dit qu'il avoit été Rapporteur de cette affaire-là au Conseil; qu'il „ m'y avoit été favorable, parce qu'il trouva mon droit „ le meilleur du monde, & il prit de là occasion de me „ dire que quand il s'agissoit de servir un homme comme moi, pour peu qu'on pût trouver de raisons de le „ faire en conscience, on avoit un très grand plaisir à „ les faire valoir, & qu'il s'en étoit fait un de me servir „ en cette rencontre. Tous deux me firent entendre que „ dans la Commission qu'ils avoient, ce leur étoit un „ grand déplaisir d'avoir à agir contre moi, m'assûrant „ qu'ils le faisoient avec peine, & que ce leur en étoit „ une de ce que leurs charges les y obligeoient; mais „ qu'ils me répondoient en même tems qu'ils n'omet-

„ troient

„ troient rien de ce qui pourroit servir à ma justifica- 1679.
„ tion. Ils me dirent encore sur cela beaucoup de bel-
„ les choses. Il faut ici que j'en avoue une qui prouve ma
„ bêtise ; c'est que je les croiois gens de bien & d'hon-
„ neur, & que je pensois, puisque je voulois me justi-
„ fier devant des Juges, ceux-là m'étoient aussi bons que
„ d'autres.

„ Après tout cela, Mr. *de Bezons* me dit que j'avois
„ trop de part aux conquêtes du Roi, pour ne point
„ apprendre avec beaucoup de joie que Charlemont é-
„ toit en sa puissance. Ils me parlerent fort des services
„ que je rendrois, si l'on recommençoit la guerre, &
„ me voulurent traiter d'homme fort nécessaire pour le
„ bien de l'Etat. Je ne raconte ceci que pour ne rien ou-
„ blier de tout ce qui s'est passé entre eux & moi. Ce
„ jour-là ils furent bien plus honnêtes qu'ils ne l'avoient
„ été la première fois, & je ne sais si c'étoit parce qu'ils
„ jugeoient dès-lors que mon affaire ne pouvoit mal al-
„ ler, ou s'ils le faisoient pour me surprendre.

„ Ensuite de cela, ils me firent force questions, &
„ me nommerent plus de vingt noms d'hommes & au-
„ tant de femmes, que je n'avois jamais vûs, & dont
„ on ne m'avoit aussi jamais parlé. Ils m'interrogerent
„ sur *Boitot*, que je n'ai jamais vû, & que je vous ai
„ déjà dit être l'homme de la *Gardette*, Procureur de
„ *l'Huillier*, & qui avoit eu avec eux la meilleure part
„ aux friponneries qu'on m'avoit faites. Je ne me sou-
„ vins de son nom que pour l'avoir oui dans le discours
„ que me tint *Bonnart*, lorsque le Sieur *Prieur* l'amena
„ chez moi, après la perfidie qu'il m'avoit faite, pour

1679. „ me conter comme ces choses-là s'étoient passées. A „ l'égard de celles que ces Mrs. me demanderent sur le „ sujet *de Bonnart*, je me remis de la plûpart à sa dé- „ position même devant le Commissaire, les disant „ pourtant assez justes, comme je savois qu'elles étoient, „ & leur représentant que cela ne devoit point me faire „ une affaire, puisque j'avois porté contre *Bonnart* une „ plainte au Commissaire, signée de ma main, & „ qu'ensuite j'avois envoié chez le même Procureur du „ Roi du Châtelet, qui étoit Procureur-Général de la „ Chambre, pour avoir un décret contre lui, qu'il „ avoit promis d'abord à mon Secretaire, quoiqu'après „ il traitât cela de bagatelle, marquant qu'il en avoit „ l'ordre de la Cour. J'ajoutai à tout cela que si l'on „ avoit voulu entrer en connoissance des justes sujets „ que j'avois de me plaindre de *Bonnart*, & informer „ des choses qu'il avoit faites, on auroit si bien connu „ que je n'avois eu nulle part à ses sottises, qu'il n'y „ auroit pas eu dequoi me causer la moindre affaire; „ que de plus la conduite, que j'avois tenue, en ap- „ prenant la friponnerie de *Bonnart*, prouvoit assez „ mon innocence, puisqu'à l'instant que le Sieur *du* „ *Parc*, qu'ils connoissoient, & qui ne bougeoit de chez „ Mr. le Chancelier, m'eût appris que cet homme fai- „ soit des invocations pour me faire retrouver des pa- „ piers par ce sot moïen, j'allai trouver Mr. *de Louvois* „ pour le prier de le faire arrêter, lui disant qu'on ve- „ noit de savoir par la mere de ce même *Bonnart* qu'il „ alloit souvent manger dans une maison avec gens „ qu'on ne connoissoit pas, & qui étoient sans doute

„ les

„ les prétendus Magiciens avec lesquels on disoit qu'il 1679.
„ faisoit ses sortilèges; qu'on demanderoit où étoit ce
„ lieu-là à sa mere; qu'on les prendroit les uns & les
„ autres; que cela suffisoit pour persuader tous les gens
„ de bon sens que si j'avois eu part à ces conjurations,
„ je n'aurois pas voulu faire arrêter celui que j'y avois
„ emploié, non plus que ceux à qui il s'adressoit pour
„ les faire; qu'ainsi ils devoient être convaincus, quand
„ ils me demandoient si j'avois ordonné à *Bonnart* de
„ faire agir *le Sage*, que c'étoit une chose à laquelle je
„ n'avois point pensé, parce que l'un & l'autre n'au-
„ roient pas manqué de dire ce que j'aurois desiré d'eux.

„ Ces Mrs. me demanderent encore si je n'avois pas
„ donné ordre au Procureur de Ligny de faire faire par
„ *Bonnart* & *le Sage* toutes les sottises que l'on sait qu'ils
„ ont faites, & si je ne m'étois point servi de ce mê-
„ me Procureur pour faire porter chez *du Pin* des bou-
„ teilles de vin empoisonné. Ils me firent tant de ques-
„ tions sur son sujet, que je ne doutai pas qu'il ne fût
„ à la Bastille, ou à Vincennes; de sorte que je me
„ suis étonné depuis qu'il n'ait point été arrêté. Car
„ outre les choses sur lesquelles ils m'interrogeoient s'il
„ les avoit faites par mon ordre, il y en avoit encore
„ plusieurs autres sur lesquelles ils me questionnoient si
„ je savois qu'il les eût faites. Le dit Procureur m'a dit,
„ depuis que je suis ici, qu'allant quelquefois chercher
„ *Bonnart*, il l'avoit trouvé souvent dans le lieu duquel
„ j'ai parlé ci-dessus, où il mangeoit d'ordinaire avec
„ *le Sage* & *Boitot*, sans qu'il connût le premier, & que
„ quelquefois il avoit bû un coup avec eux, faisant ré-

1679. „ primande à *Bonnart* de ce qu'il le voioit associé avec „ des gens de méchante mine, dont il n'avoit pas bonne opinion.

„ Ils me demanderent de plus si je n'avois point été „ chez *la Voisin*, ni chez *la Vigoureux*, dont je connois„ sois les noms par le bruit du procès qu'on avoit fait à „ l'une, & qu'on faisoit à l'autre. Ils me firent les mê„ mes questions sur *la Bosse*, *la Deslandes* & sur d'autres „ personnes, hommes & femmes, dont je n'avois jamais „ entendu parler, chez lesquelles je n'avois été non plus „ que chez la première, & dont je n'avois vû aucune, „ ni de dessein formé, ni même par hazard, ou par „ rencontre. Comme je n'avois sur cela qu'à dire la vé„ rité, que je ne connoissois pas un de ces gens-là, je „ le fis en peu de paroles, mais ils me tournerent fort „ sur tout cela, aiant bien envie de me faire tomber „ dans quelque piége.

„ Depuis ce jour-là, je n'entendis parler de ces Mrs. „ que le Vendredi qui précéda le Mardi que j'allai à la „ Chambre, où ils me firent des questions sur les choses „ qu'ils m'avoient déjà demandées, & qui n'étoient pro„ prement que des repetitions pour me surprendre. „ Comme la vérité est toujours une, je la leur dis cette „ fois-là, ainsi que les autres fois. Ils me parlerent du „ Pouvoir que j'avois donné à *Bonnart*, & le Greffier, „ le prenant à la main à un bout de la table, dont j'é„ tois éloigné environ de quatre pas, ils me demande„ rent si c'étoit-là le Pouvoir que j'avois donné. Je leur „ dis que si ce l'étoit, la lecture me le feroit reconnoî„ tre. Le Greffier le lut, & je le trouvai conforme à ce

„ que

„ que j'avois signé. Je leur dis donc que je croiois que 1679.
„ c'étoit mon Pouvoir, & que je n'avois qu'à en regar-
„ der la signature. Le Greffier le tourna alors de mon
„ côté, sans que je visse ce qui étoit au-dessus, & de loin
„ je crus la reconnoître assez bien pour dire que c'étoit
„ la mienne. Le Greffier laissa tomber en même tems ce
„ Pouvoir sur la table, sans me le montrer autrement,
„ & sans que ces Mrs. m'en dissent davantage pour me
„ le faire reconnoître. Mais comme ils recommencerent
„ quelques questions auxquelles la seule lecture du Pou-
„ voir devoit répondre, en leur fermant sur cela la
„ bouche, je leur dis qu'ils venoient d'entendre lire mon
„ Pouvoir, & que je voulois le voir, parce que les ter-
„ mes, dans lesquels il étoit conçu, ne donnoient pas
„ lieu de soupçonner les choses qu'ils me demandoient.

„ A l'instant je me levai, je pris ce Pouvoir, & je
„ remarquai qu'il y avoit quelque chose d'ajouté; ce qui
„ me sauta d'abord aux yeux, parce que l'écriture étoit
„ d'une encre plus blanche, & qu'elle étoit si pressée
„ entre mon nom & la dernière ligne, que les lettres,
„ qu'on y avoit écrites entre-deux, touchoient au haut
„ de celle de ma signature & au bas de celle du Pouvoir.
„ De plus, ce qui étoit ajoûté étoit après la date, dans
„ un espace de la grandeur du blanc ici marqué
„ lequel étoit demeuré par la faute que j'a-
„ vois faite de n'y point tirer un trait après cette date.

„ Cette addition d'une autre main & d'une autre en-
„ cre ajoutoit au Pouvoir, que j'avois donné de retirer
„ pour une somme les papiers dont j'avois besoin, celui
„ de faire pour cela toutes les conjurations nécessaires.

 „ Je

1679. „ Je dis à ces Mrs. que s'ils vouloient envoier querir un „ Expert, on verroit bien que cela étoit ajouté ; & sans „ me répondre, Mr. *de Bezons* fit signe en même tems „ au Greffier, qui sortit à l'heure même de ma cham- „ bre, & étant descendu au bas du dégré, remonta à „ l'instant & rentra, suivi de *Bonnart*, qui, sans regar- „ der les Juges, non plus que s'ils n'eussent pas été les „ siens, me vint faire une grande réverence. Je lui dis „ qu'il étoit bien méchant de m'accuser. Il se récria : „ *Moi ! vous accuser ? Je ne l'ai point fait, & je ne le sau-* „ *rois faire ; bien au contraire je vous justifie. Je ne saurois* „ *vous accuser de quoi que ce soit, & je le dis à Mr.* de la „ Reynie *dès que je fus mis à Vincennes.* En cet endroit „ Mr. *de Bezons* le menaça du doigt, & lui commanda „ de se taire lorsqu'il vouloit encore continuer à parler.

„ Dans ce moment je lui demandai si j'avois sû son „ commerce avec *le Sage* & les coquins qu'il fréquen- „ toit. Il répondit que non. . . . Je l'interrogeai enco- „ re si après lui avoir donné mon Pouvoir, quand il me „ dit qu'il connoissoit un homme qui pouvoit éclairer „ mes Juges, je ne lui avois pas répondu que je ne les „ voulois éclairer que par mon bon droit, & que s'il „ me rapportoit les papiers, dont *Prieur* devoit faire le „ marché pour les avoir, c'en seroit assez pour me fai- „ re gagner ma Cause. Il répondit que cela étoit ainsi, „ & avoüa que pour avoir ce Pouvoir-là de moi, il „ m'avoit dit qu'il avoit vû, lû & tenu mes papiers, & „ que cela étoit si vrai, que tout se passa en présence du „ Procureur - Fiscal du Comté de Ligny, qui lui dit qu'il „ ne se dessaisît point de mon Pouvoir, sans avoir les „ papiers qu'il avoit lûs.

„ On

„ On lui demanda si je ne lui avois point donné 1679.
„ deux bouteilles de vin empoisonné pour empoisonner
„ *du Pin* & une fille qu'il entretenoit. Il dit que non.

„ On lui demanda si je n'avois pas sû qu'il avoit
„ pris des pots, remplis de matière pour faire de la
„ fausse monnoie. Il répondit négativement. Là-des-
„ sus Mr. *de Bezons* prit la parole, & lui dit qu'il a-
„ voit déclaré dans son interrogatoire que je le savois;
„ que cela étoit écrit dans une liasse de papiers qui étoit
„ sur la table, & qu'il lui montra, sans l'ouvrir, ajou-
„ tant qu'il se coupoit, qu'il y prît garde, & qu'il sa-
„ voit bien qu'on punissoit un homme quand il décla-
„ roit dans son interrogatoire des choses qu'il ne soute-
„ noit pas à la confrontation. Je vis que ce discours é-
„ branloit *Bonnart*, & je lui dis: *Pouvez-vous être assez*
„ *méchant pour avoir dit une chose aussi fausse que celle-là?*
„ A peine avois-je achevé ces paroles, que Mr. *de la*
„ *Reynie* me dit qu'on ne parloit pas comme je faisois,
„ & qu'il seroit contraint d'écrire. Je lui repliquai que
„ je n'étois point accoûtumé à me voir soutenir des faus-
„ setés en face, & qu'en prison, comme ailleurs, je ne
„ le pouvois souffrir. Il repeta, *Mais, Monsieur, vous*
„ *nous contraindrez d'écrire.*

„ Il faut remarquer qu'à cette confrontation Mr. *de*
„ *la Reynie* tenoit la plume pour écrire tout ce qui se
„ disoit sur des feuilles de papier volantes, qu'il don-
„ noit à son Greffier pour les transcrire dans le cahier
„ des confrontations que je signois, & qu'il en a usé
„ presque toujours de la sorte; ce qu'on m'a appris de-
„ puis n'être pas la coûtume.

„ A-

1679. „ Après qu'il m'eut dit pour la seconde fois que je „ le contraindrois d'écrire, & que Mr. *de Bezons* eut „ dit à *Bonnart* qu'il prît garde à ce qu'il avoit dit & „ signé, en lui montrant cette liasse de papiers qui étoit „ sur la table, *Bonnart* dit, en m'adressant la parole: „ *Il est vrai, Monsieur, que vous en avez sû quelque cho-* „ *se.* Sur quoi, pensant qu'il ne falloit lui repartir que „ doucement à cause de ce que m'avoit dit Mr. *de la* „ *Reynie*, je lui répondis: *Dites-moi donc comment je l'ai* „ *sû; car je ne m'en souviens pas.* Aussitôt il me dit qu'un „ jour que j'étois au Palais dans la Chambre de Saint- „ Louïs, il y vint pour porter des papiers à mon A- „ vocat, à *Prieur*, ou au Secretaire de Mr. *de la Moig-* „ *non*, je ne me souviens pas bien auquel des trois; que „ comme il passoit devant moi, me promenant dans „ cette même Chambre avec Mr. l'Abbé *de Feuquières*, „ je l'appellai, en lui demandant s'il n'auroit jamais „ ces papiers qu'il promettoit depuis si long-tems; que „ là-dessus il m'avoit répondu qu'il ne doutoit point „ qu'il ne les eût bientôt, parce qu'il avoit de bons ga- „ ges pour obliger ceux, entre les mains de qui ils „ étoient, à les lui rendre. Je me souvins dans le mo- „ ment qu'il étoit vrai qu'il m'avoit dit cela; mais je „ le questionnai s'il s'en étoit expliqué autrement avec „ moi; si je lui avois demandé ce que c'étoit que ces „ gages; s'il m'en avoit dit la nature, ou en quoi ils „ consistoient; & si sur cela il m'en avoit dit davanta- „ ge. Il répondit que non, que je ne lui avois rien de- „ mandé de plus, qu'il ne m'avoit dit que cela, & que „ je continuai à me promener avec l'Abbé *de Feuquiè-* „ *res.*

„ res. Je vis bien que cet aveu sincère de *Bonnart* ne 1679.
„ plaisoit pas à Mr. *de Bezons*, à en juger par la mine
„ qu'il fit. Pour M. *de la Reynie*, il n'en fit aucune.

„ Je demandai enfin à *Bonnart* à la fin de cette confrontation, s'il ne savoit point que *l'Huillier* & *la Gardette*, son Procureur, faisoient agir *le Sage*. Il me répondit que le jour même que je lui donnai mon Pouvoir sur les six heures du matin, il le donna à *Boitot* & à *le Sage*, après y avoir fait l'addition qu'ils voulurent; que *le Sage* ne s'étant point trouvé à l'heure assignée du rendez-vous qu'il lui avoit donné, il alla le chercher de tous côtés; qu'il vint enfin à un cabaret, où on lui dit que *la Gardette* avoit été un peu auparavant avec *Boitot* & *le Sage*; qu'il avoit bû avec eux, & leur avoit donné ensuite beaucoup d'argent. Comme je trouvois que cela pourroit aider à découvrir toute l'intrigue de ces garnemens, où l'on tâchoit de m'envelopper, je m'en servis pour faire comprendre aux Commissaires qu'il étoit manifeste que c'étoit *la Gardette* qui avoit tramé toutes ces friponneries, & qui avoit tiré mon pouvoir des mains de *le Sage*, auquel *Bonnart* l'avoit donné, & repris ensuite. Il leur étoit aisé de s'en éclaircir encore davantage, en le faisant arrêter, & je les y exhortai, autant que je pus. Ils me répondirent qu'ils n'omettroient rien de tout ce qui pourroit m'être utile. On sait comment ils me tinrent parole, & avec quel empressement ils se hâterent d'envoier *Bonnart* & *Boitot* aux Galères pour éviter, ce semble, de faire quelques procédures contre *la Gardette* & contre *l'Huillier*, &

1679. „ d'apprendre d'eux ce qu'ils ne vouloient pas savoir, „ de crainte de me trouver innocent.

„ Après la confrontation de *Bonnart*, quand il eut „ signé ce qu'il falloit qu'il signât & qu'il eût été ren„ voié, il ne se passa plus grand' chose entre moi & ces „ Mrs., qui se retirerent.

„ Le Dimanche suivant ils revinrent dès le matin, a„ vant que je fusse levé. Le Lieutenant de la Bastille „ entra dans ma chambre, & m'apprit qu'ils étoient „ sur le dégré; car le Vendredi d'auparavant ils ne m'a„ voient point dit qu'ils dussent retourner. Je m'ha„ billai bien vite pour les recevoir. Ils m'interroge„ rent sur des choses de peu de conséquence durant fort „ peu de tems, & le Greffier sortit, comme il avoit „ fait, pour aller querir *Bonnart*, & rentra suivi d'un „ Prêtre, à qui l'on demanda d'abord s'il me connois„ soit. Le Prêtre, pour ne rien faire legérement, après „ m'avoir envisagé plus d'une fois, répondit qu'il ne „ me connoissoit point. Mr. *de Bezons* lui dit: *Prenez* „ *bien garde, vous connoissez pourtant Monsieur.* Le Prê„ tre me considéra encore, & lui répondit qu'il ne me „ connoissoit point, & qu'il ne croioit pas m'avoir ja„ mais vû. Il lui dit pour la troisième fois qu'il me re„ gardât bien encore, & le Prêtre persista à répondre „ comme il avoit fait auparavant. Sur cela Mr. *de* „ *Bezons* lui demanda: *Ne connoissez-vous pas bien Mr. le* „ *Duc de Luxembourg?* Le Prêtre lui dit, *Oui, Mon*„ *sieur.* Cette réponse fit plaisir à ces Mrs. Mr. *de* „ *Bezons* fit là une pause pour lui donner lieu de par„ ler, & je ne saurois dire positivement s'il ne lui dit

„ pas:

„ pas: *Hé bien*, en me montrant de la main, ou quel- 1679.
„ que petit mot approchant pour faire parler l'autre,
„ qui continua, en disant qu'il avoit oui dire que je
„ commandois les armées du Roi; mais qu'il ne m'avoit
„ jamais vû de sa vie. Mr. *de Bezons* reprit la parole,
„ & lui dit: *Voilà Mr. le duc de Luxembourg, recon-*
„ *noissez-le à présent.* Le Prêtre me fit une grande ré-
„ vérence, & se tut. Mr. *de Bezons* lui dit qu'il m'a-
„ voit vû à l'Hôtel de Toulouse. Le Prêtre repliqua
„ qu'il n'y avoit jamais été qu'une fois, nomma l'hom-
„ me qu'il y avoit vû, assûra que je n'y étois point,
„ & que ni là, ni ailleurs, il ne m'avoit vû, ni rencon-
„ tré de sa vie; ce qui finit la confrontation entre le
„ Prêtre & moi, dans laquelle ces Mrs. dirent encore
„ bien des choses pour le faire parler autrement, & en
„ tirer quelqu'une qui marquât qu'il me connoissoit,
„ le tournant pour cela de toutes les manières.

„ Aussitôt qu'il fut sorti, le Greffier fit rentrer un
„ autre homme, auquel Mr. *de Bezons*, en me mon-
„ trant sans me nommer, demanda: *Connoissez-vous*
„ *Monsieur?* Il répondit qu'il me connoissoit bien, &
„ comme je ne le connoissois pas & que je jugeois bien
„ qu'il se méprenoit en répondant de la sorte, après
„ lui avoir dit plusieurs fois qu'il se trompoit, je jettai
„ ma perruque en arrière & me montrai plus au jour.
„ Je lui dis qu'il prît bien garde, & qu'il verroit qu'il
„ ne me connoissoit point. Cela ne servit qu'à lui fai-
„ re soutenir qu'il me reconnoissoit bien mieux; que
„ j'avois été vingt-cinq ou trente fois chez lui; qu'il
„ m'avoit entretenu en l'absence de sa femme deux ou

1679. » trois fois, & sur-tout la dernière pendant plus d'une
» demi-heure. Après qu'il eut fini de parler, Mr. *de*
» *Bezons* le fit passer auprès du Greffier, afin qu'il en-
» tendît mieux ce qui s'écriroit & ce qu'on lui diroit;
» mais étant vis-à-vis de moi, & jusque-là ne m'aiant
» regardé que de côté, après m'avoir observé quelque
» tems, il dit que comme de cet endroit là il me voi-
» oit tout-à-fait, il étoit obligé de dire qu'il ne me
» connoissoit point, & que d'abord il m'avoit pris pour
» Mr. le Comte *de G*... A ce mot de *G*, Mr. *de la Rey-*
» *nie* prit un air refrogné, & lui dit quelque chose de
» rude, dont je ne me souviens pas tout-à-fait bien. Je
» pense que c'étoit: *Qu'est-ce qu'il veut dire?* Mais ce
» fut d'un air que ce pauvre homme comprit bien
» que cela ne plaisoit pas à ce Magistrat. Il dit,
» après cela, qu'il m'avoit pris pour Mr. le Comte de
» *G*. . . . ou *de Gassilly*. A ce dernier nom le visage de
» Mr. *de la Reynie* devint plus serain; ce qui me fit
» conjecturer qu'à cause que Mr. *de G*. . . étoit dans
» l'alliance d'un Ministre, il étoit bien-aise qu'il ne se
» trouvât point impliqué dans cette déposition. Pour
» moi, je ne suis point ami particulier de *G*. . .; mais
» c'est un assez joli garçon que j'ai vû à l'armée. Pour
» détourner ce que de vrais bons Juges auroient pû fai-
» re, sur ce qu'il venoit d'être cité, je tournai la cho-
» se sur Mr. le Comte *de Gassilly*, qui est un nom
» dont je n'avois jamais oui parler. Je dis alors: *Vous*
» *voiez qu'il m'avoit pris pour Mr. le Comte de Gassilly*;
» ce que les Commissaires ordonnerent au Greffier d'é-
» crire, & depuis cela, on ne nomma que Mr. *de Gas-*
» *silly*, & non Mr. *de G*...

„Jus-

„ Jusque-là on ne m'avoit point nommé ceux que 1679.
„ l'on me confrontoit ; le Prêtre étoit entré & sorti, sans
„ qu'on m'eût dit son nom. Je ne savois pas non plus le
„ nom de celui qui m'avoit pris pour Mr. *de Gassilly*, &
„ que Mr. *de Bezons* me dit s'appeller *Vigoureux* : ce qui
„ me donna occasion de dire que je ne savois s'il se mê-
„ loit des choses que faisoit sa femme ; que pour lui, il
„ disoit qu'il ne me connoissoit point, & que sa fem-
„ me, avant que de mourir, devoit leur avoir rendu le
„ même témoignage pour ce qui la regardoit. Le reste
„ de la confrontation ne fut que des bagatelles. L'hom-
„ me dit qu'il ne m'avoit jamais vû chez lui, qu'il con-
„ noissoit tous ceux qui étoient en commerce avec sa
„ femme, & que je n'avois jamais été de ce nombre,
„ parce qu'il l'auroit sû comme des autres. On lui de-
„ manda mon nom, on lui dit ensuite qui j'étois, & il
„ tint toujours le même langage.

„ Après qu'il fût sorti, on me ramena un grand hom-
„ me, & on fit tout ce que l'on put pour l'obliger à
„ dire qu'il me connoissoit. Il me fixa plusieurs fois, &
„ dit, après qu'on l'eut tenu assez long-tems, qu'il ne
„ me connoissoit point, & que si cela étoit, il l'au-
„ roit dit d'abord. Ensuite de cela, comme il étoit mi-
„ di, ces Mrs. s'en allerent, & revinrent à deux heures,
„ sans m'avoir fait avertir qu'ils en eussent le dessein,
„ ni sans m'en avoir fait donner d'autre avis que celui
„ de les voir derrière le Lieutenant de la Bastille lorsqu'il
„ leur ouvrit la porte de ma chambre. Ils me dirent
„ que si je n'étois point incommodé, ils continueroient
„ ce qu'ils avoient à faire. Je leur répondis que je ne le

1679. „ ſerois pas de tout ce qu'ils feroient pour avancer les „ choſes, n'aiant à me plaindre que des longueurs qu'on „ y avoit apportées.

„ Après cela & quelques queſtions de rien, ils firent „ entrer *le Sage*. Celui-là ne manqua pas de dire qu'il „ me connoiſſoit bien. Il faut remarquer ici que ces Mrs., „ m'interrogeant, m'avoient demandé ſi *le Sage* ne m'é- „ crivoit point quand j'étois à l'armée, & je leur avois „ répondu que je n'avois pas eu aſſez bonne opinion de „ lui pour le deſirer, & qu'il avoit trop bien connu que „ je m'étois moqué de lui pour avoir ſongé à m'écrire. „ Ils me dirent: *Voilà pourtant une lettre qu'il vous a écri-* „ *te.* Ils en firent la lecture, & il n'y avoit autre choſe, „ ſi ce n'eſt qu'il avoit achevé le travail que je lui avois „ commandé. Je leur dis que ne lui en aiant commandé „ aucun, je ne pouvois croire que cette lettre s'adreſſât „ à moi, & qu'ils m'en montraſſent le deſſus. Ils la tour- „ nerent, & il ſe trouva qu'il n'y en avoit point. Ils „ dirent qu'ils l'avoient dans leur ſac, ils le chercherent, „ & ne le trouverent pas. Mr. *de Bezons* dit qu'il ſavoit „ bien où il étoit, qu'il l'avoit mis dans un tiroir de ſon „ cabinet, & qu'il l'alloit querir. Il s'y en fut, & re- „ vint plus d'une heure après, ſans l'avoir trouvé; mais „ ils me dirent que la lettre étoit ſûrement pour moi, „ & que *le Sage* l'avoit dépoſé dans ſon interrogatoire.

„ Ce fut donc une des premières choſes que je de- „ mandai à *le Sage* quand on me le confronta. Il dit „ qu'il m'avoit écrit que cet ouvrage, qu'il avoit fait „ pour moi, étoit mon horoſcope, & qu'il avoit don- „ né ſa lettre à *la Vigoureux*, qui avoit mon adreſſe pour

„ me

„ me la faire tenir; mais qu'elle ne voulut pas me l'en- 1679.
„ voier, non plus que *la Voisin*, parce qu'elles tiroient
„ beaucoup d'argent de moi, & qu'elles avoient peur de
„ perdre une si bonne pratique, si j'étois tombé en des
„ mains comme les siennes. Il s'embrouilla un peu sur
„ ce que je lui demandai s'il m'avoit jamais dit qu'il sût
„ faire une figure d'horoscope, & s'il m'avoit parlé d'au-
„ tre chose que de me faire retrouver un billet, après
„ l'avoir brûlé. Ces Mrs. furent bien-aises, je pense, que
„ cela en demeurât-là, quand je leur dis qu'ils savoient
„ bien que je n'avois jamais parlé, ni à *la Vigoureux*,
„ ni à *la Voisin*. Ils ne surent que répondre lorsque je
„ leur dis qu'une lettre sans dessus ne devoit pas m'être
„ plûtôt donnée qu'à un autre, & que ceux, qui m'a-
„ voient découplé *le Sage* pour me faire des affaires, lui
„ avoient fait écrire cette lettre, de même qu'ils lui fai-
„ soient dire toutes les faussetés inventées contre moi,
„ & qu'ils pouvoient le mettre entre les mains de quel-
„ que Astrologue pour voir s'il savoit dresser une figure;
„ ce que je ne croiois pas qu'il sût faire, ne l'en ju-
„ geant point capable sur ce je voiois de lui.

„ Mrs. les Commissaires demanderent ensuite à *le Sa-*
„ *ge* si j'avois desiré quelque chose de lui. Il dit que je
„ lui avois donné un billet, par lequel je lui demandois
„ que par son art il fît mourir ma femme; *Moreau*; une
„ Dame de Clermont, que vous connoissez; *l'Huillier*
„ & *du Pin* contre lesquels je plaidois, à la mort desquels
„ j'aurois beaucoup perdu; & la Maitresse à *du Pin*. Il
„ ajouta que je demandois aussi qu'il fît mourir un Gou-
„ verneur de Province ou d'une place aux environs de
„ la

1679. „ la Lorraine ; qu'il me fît avoir le Gouvernement, „ soit de la Province, ou de la place ; qu'il fît épouser la „ fille de Mr. *de Louvois* à mon fils, & qu'il me fît a- „ voir l'amitié de Madame *de Tingry*. Je ne vous dirai „ point ici mes réponses sur tout cela ; vous vous les di- „ rez à vous-même sur les gens que ce Malheureux di- „ soit que j'avois voulu faire mourir, me connoissant, „ comme vous faites, assez pour savoir si j'en suis capa- „ ble. Vous saurez seulement que sur l'alternative qu'il „ mettoit pour le Gouvernement d'une Province, ou „ d'une place, je dis à ces Mrs. que je n'avois pas cru „ qu'il fallût que je me donnasse au Diable pour cela, „ & que je m'y serois plûtôt donné de regret que j'au- „ rois eu, si l'on ne m'avoit fait que Gouverneur d'une „ place.

„ Quant au mariage de Mlle. *de Louvois* & de mon „ fils, je ne pus pas m'empêcher de parler encore, & „ comme je ne suis point humble dans l'adversité, ainsi „ qu'en d'autres tems, je dis à ces Mrs. que quand ce „ Scélerat disoit une chose aussi fausse, il ne savoit pas que „ j'étois d'une Maison où nous n'achetions point des al- „ liances par des crimes ; que c'eût été beaucoup d'hon- „ neur pour moi que mon fils eût épousé Mlle. *de Lou-* „ *vois* ; mais que je n'aurois rien fait pour cela que „ je pusse me reprocher, & que quand *Matthieu de* „ *Montmorency* épousa une Reine de France, Mere d'un „ Roi mineur, il ne s'étoit point donné au Diable pour „ ce mariage, puisque la chose s'étoit faite par une Ré- „ solution des Etats-généraux, qui déclarerent que pour „ acquérir au Roi les services des Seigneurs *de Montmo-*

„ *ren-*

„ *rency*, il falloit faire ce mariage. Ce fut même par 1679.
„ honnêteté que je me servis du mot de *service*; car je
„ crois que dans la Déclaration il y avoit celui de *pro-*
„ *tection*.

„ A l'égard de Madame de *Tingry*, je dis que pour
„ son amitié, je croiois l'avoir toute entière, & que je
„ m'en aviserois un peu tard, si j'en desirois autre chose.
„ Ce Maraut repliqua, comme y entendant finesse; *C'est*
„ *l'amour*. Il étoit si aise en prononçant ces mots, qu'il
„ ne put s'empêcher de rire. Je lui dis ensuite qu'il m'é-
„ toit revenu qu'il disoit que j'avois voulu faire mourir
„ le Maréchal *de Crequy*, à quoi il répondit que je lui
„ avois parlé de ce Maréchal; mais qu'il ne se souvenoit
„ pas bien de ce que je lui en avois dit. Je vous fais cette
„ remarque, parce qu'en effet on disoit dans le monde
„ que je l'avois voulu faire mourir comme les autres.
„ Si cela eût été, *le Sage* l'auroit mis dans la même
„ cathégorie. J'aurai bientôt fait de vous dire en peu de
„ paroles ce que je dis à l'égard de ma femme:

„ Que je n'avois jamais eu sujet de m'en plaindre;
„ qu'ainsi je ne pouvois avoir contre elle une aussi
„ mauvaise volonté:

„ Que pour *Moreau*, j'aurois perdu à sa mort, puis-
„ que je demande qu'il me rende des comptes & des
„ papiers; ce que ses héritiers auroient pû se dispenser
„ de faire:

„ Qu'à l'égard de *l'Huillier*, il méritoit bien d'être
„ puni de sa mauvaise foi, & des insolences dont il a
„ usé envers moi; mais que je trouvois qu'un homme,
„ tel que je suis, ne se vengeoit point, & ne faisoit

1679. „ rien que contre soi-même, en maltraitant un homme, aussi indigne de sa colère que *l'Huillier* l'est de la mienne:

„ Que pour *du Pin*, je ne me plaignois point de lui; qu'il m'avoit autrefois fait plaisir; qu'il n'étoit pas cause que le marché de mes bois fût rompu, puisqu'il y perdoit aussi-bien que moi; que je n'avois garde de vouloir faire mourir sa Maitresse, que je ne connoissois point, & que je ne savois pas même qu'il en eût une que par la déposition de *Bonnart* après sa perfidie.

„ Pour cette Dame de Clermont, qui est, comme vous savez, fille d'une bâtarde de la Maison de *Luxembourg*, & qui a épousé un bâtard de mon beau-pere, je leur expliquai que je ne lui donnois une pension que parce que je m'y étois engagé de parole à feu mon beau-pere; qu'au-lieu de la vouloir faire mourir, il m'auroit été aisé de ne lui pas païer cette pension, parce qu'on ne la lui donnoit que comme étant fille d'une bâtarde du feu Prince *de Tingry*; que cette même bâtarde, aiant fait surprendre le château d'Aigremont par les Lorrains, elle fut condamnée à avoir le cou coupé & ses biens confisqués; ce qui n'a point été exécuté quant à sa mort, & l'auroit été pour le reste, si Mr. de *Luxembourg* n'eût voulu que je lui fisse cette pension, du paiement de laquelle j'étois, si je l'avois voulu, suffisamment déchargé par cet arrêt.

„ *Le Sage* dit aussi que j'avois voulu faire mourir un Monsieur de Clermont d'auprès de Ligny. Ce ne peut être, à mon avis, que le feu mari de cette femme,

„ qui

„ qui mourut avant que je partisse de Hollande; ce qui 1679.
„ fait voir que ces contes-là ont été suggérés à *le Sage*
„ par des gens qui n'ont pas retenu les tems, ni les
„ dates, puisque lui-même les confondoit en parlant
„ de tout cela. Il me dit encore que j'avois été pren-
„ dre du poison chez *la Vigoureux* pour empoisonner
„ une ou deux bouteilles de vin, que j'avois envoiées
„ par *Boitot* & *Bonnart* pour faire périr *du Pin* & sa
„ Maitresse. Je ne me suis pas trouvé dans le testament
„ de *la Vigoureux*, puisqu'on ne m'en a rien dit, & son
„ mari a déclaré ne m'y avoir point vû; c'est ce qui
„ fit ma réponse à cette menterie. Il dit la même chose
„ de *la Voisin*, de chez laquelle je ne partois pas, à ce
„ qu'il assûroit. Sur quoi aiant dit à ces Mrs. qu'ils a-
„ voient fait mourir cette femme depuis que j'étois à
„ la Bastille, je leur demandai pourquoi donc ils ne me
„ l'avoient point confrontée, si ce n'étoit que parce
„ qu'elle auroit dit la vérité sur mon sujet. Il dit encore
„ que j'avois fait prendre de la fausse monnoie au Port St.
„ Landri par *Bonnart*, *Boitot*, l'Ecuyer de Madame *de Tin-*
„ *gry* & un Garde-du-Corps; que je l'avois fait porter à
„ Issy à un homme de ma connoissance, qui me l'envoioit
„ à l'armée; & que j'y en débitois une grande quantité.
„ Je répondis que *Bonnart* s'étoit expliqué là-dessus; qu'ils
„ pouvoient encore s'en éclaircir par la bouche de Ma-
„ dame *de Tingry*; qu'à l'égard du Garde-du-Corps, dont
„ il me disoit le nom, je l'avois si peu ménagé, qu'il
„ y avoit six mois que je l'avois chassé de ma Compa-
„ gnie, & qu'ils n'avoient qu'à l'interroger. L'absur-
„ dité de cette accusation paroissoit encore en ce que je

 „ n'au-

1679. „ n'aurois pû faire ce trafic que de concert avec les „ Thrésoriers, qu'on pouvoit interroger.

„ *Le Sage* dit ensuite qu'il m'avoit amené plus de soi- „ xante fois un Prêtre, nommé *Davaux*, avec lequel je „ traitois, afin qu'il consacrât les choses que lui *le Sage* „ vouloit faire pour causer la mort à tout ce monde. Il „ ajouta que j'avois promis cent mille francs à ce Prê- „ tre pour exécuter ce que je voulois; que j'avois été „ plus de quinze jours à traiter de cette affaire; & que „ je lui avois donné cent louïs d'avance, le priant de ne „ rien oublier dans la Consécration, de peur que cela „ n'empêchât que la chose ne réussît. Il conta enfin mil- „ le autres particularités semblables, qui faisoient hor- „ reur, de ce qu'il disoit s'être passé entre ce méchant Prê- „ tre & moi. Mais comme il s'embrouilloit dans ce qu'il „ disoit, ces Mrs., appréhendant apparemment que je „ ne le confondisse, le firent retirer, & quoique je leur „ disse que je ne pouvois avoir bonne opinion d'un Prê- „ tre qui faisoit, à ce que j'apprenois, la fonction d'Au- „ mônier de *le Sage*, j'étois néanmoins assûré que s'il di- „ soit la vérité, il parleroit comme celui que j'avois vû „ le matin. Sur cela Mr. *de Bezons* se mit à soûrire, & „ dit à Mr. *de la Reynie* qu'il croioit qu'il n'y avoit point „ de danger de me parler. Mr. *de la Reynie* dit que non, „ & là-dessus Mr. *de Bezons* me dit que ce *Davaux* étoit „ le même Prêtre qu'on m'avoit confronté le matin, & „ qui avoit dit ne m'avoir vû de sa vie.

„ Après cela, on m'amena Madame de *Fonteïte*, qui „ parla tout comme moi, excepté qu'elle me fit souve- „ nir que le jour, que je rencontrai *le Sage* chez elle, j'y

„ é-

„ étois allé pour parler à un homme, duquel elle avoit 1679.
„ eu un avis, qu'elle m'avoit donné, qui s'est trouvé si
„ bon, que Mr. *de la Reynie* avoit fait l'affaire au profit
„ du Roi dans le fauxbourg St. Germain, & qu'il en a-
„ voit tiré cent soixante mille écus. Elle fit souvenir Mr.
„ *de la Reynie* qu'elle lui avoit parlé dans ce tems-là mê-
„ me, lui disant que j'avois cet avis, & que celui, qui
„ me l'avoit donné, étoit encore actuellement persuadé
„ que le Roi m'en avoit donné vingt mille écus, dont il
„ lui demandoit souvent sa part. La vérité est que j'a-
„ vois cet avis, & qu'une autre affaire m'obligea aussi
„ d'aller plusieurs fois chez Madame *de Fonteite*. C'étoit,
„ pour le dire en deux mots, qu'un homme de qualité,
„ qu'elle gouvernoit, me vouloit donner les moiens de
„ me mettre en possession d'une terre, moiennant une
„ pension & une somme d'argent. Mais comme la terre
„ ne m'appartenoit qu'en partie, & ne voulant pas jouïr
„ du bien des autres, je n'entrai point dans ce traité
„ qu'on vouloit faire avec moi seul, sans y joindre ceux
„ qui y étoient intéressés comme moi.

„ Madame *de Fonteite* dit donc dans son interroga-
„ tion que j'étois entré chez elle avec Mr. *de Feuquières*,
„ & conta ensuite naïvement la chose, de quelle ma-
„ nière j'avois rencontré *le Sage*, & dit que Mr. *de Feu-*
„ *quières* lui avoit dit que Mr. *de la Vallière* étoit avec
„ moi; mais qu'elle ne l'avoit point vû. Je vous remar-
„ que ceci comme une chose qu'il est bon que vous sa-
„ chiez, parce qu'il m'est revenu que Mr. *de Bezons* di-
„ soit que j'avois toujours parlé de même dans toutes
„ mes interrogations, sans jamais varier, ni me couper

1679. „ en quoi que ce soit, excepté que j'étois convenu de-
„ vant Madame *de Fonteite* que Mr. *de la Vallière* n'étoit
„ point chez elle lorsque j'y vis *le Sage*. Quoiqu'il ne
„ dise pas vrai en cela, je trouve, en y repensant bien,
„ que peut-être il a eu lieu de le croire ainsi, & qu'il
„ ne dit rien de contraire à ce qu'il pense, lorsqu'il par-
„ le de la sorte. Voici ce qui peut l'avoir abusé. C'est
„ que Madame de *Fonteite* dit, *Mr.* de Feuquières *m'a*
„ *dit que Mr.* de la Vallière *y étoit*, *pour moi*, *je ne le*
„ *vis pas*, & je répondis, *Il est vrai.* Il est vrai en effet
„ qu'elle ne le vit pas, & que Mr. *de la Vallière* m'a-
„ yant envoié demander si nous ne ferions rien ensemble
„ l'après-dînée, je le priai de me venir trouver chez
„ Madame *de Fonteite.* Il y vint, & ayant renvoié son
„ carosse qui étoit resté devant la porte, il se mit dans
„ le mien qui étoit dans la cour, où je l'allai prendre.
„ Comme il me témoigna qu'il ne vouloit pas voir Ma-
„ dame *de Fonteite*, je lui répondis qu'il ne la verroit
„ pas; qu'elle n'étoit point dans la chambre; que je
„ l'y ferois passer, & le placerois en un joli cabinet à
„ la ruelle, où il vint durant que Madame *de Fonteite*
„ étoit dans la chambre d'une Demoiselle qui logeoit
„ chez elle, ou pendant qu'elle étoit à jouer dans sa peti-
„ te chambre avec des femmes de son quartier, du nom-
„ bre desquelles étoit Madame *de la Haye*, femme de
„ l'Envoyé du Roi en Bavière. Mais comme je n'avois
„ point voulu apprendre aux Commissaires que Mr.
„ *de la Vallière* s'étoit trouvé avec moi chez Madame *de*
„ *Fonteite*, parce que je jugeois inutile de nommer en
„ cette rencontre mon ami défunt, que cela ne pouvoit
„ plus

„ plus regarder, cela fut cause que je me contentai de 1679.
„ convenir devant les Commissaires que Madame *de Fonteite* n'avoit vû d'abord que Mr. *de Feuquières* & moi.
„ Quoi qu'il en soit, comme l'entretien, que j'eus
„ avec *le Sage* en cette rencontre, qui fut la seule fois
„ de ma vie que je le vis, fait un incident si considéra-
„ ble dans cette histoire, je dois vous raconter de
„ quelle manière la chose se passa, comme je le racon-
„ tai à Mrs. les Commissaires dans la confrontation
„ avec Madame *de Fonteite.* Je demandai à cette Da-
„ me des nouvelles de cette Demoiselle, qui logeoit chez
„ elle, comme je viens de le dire. Elle me dit qu'elle
„ étoit en haut occupée à se faire dire sa bonne aven-
„ ture par un homme qui se piquoit de cette science.
„ Je la priai de la faire descendre ; ce qu'elle fit. L'hom-
„ me, qui étoit avec elle, descendit le premier, & étant
„ venu à nous avant elle, il s'offensa d'abord de ce que
„ je lui demandai si c'étoit lui qui disoit la bonne
„ aventure. Il me répondit, d'un air & d'un ton plein
„ de suffisance, qu'il savoit faire des choses plus diffi-
„ ciles, & que pour m'en donner une marque indubita-
„ ble, si je voulois écrire devant lui sur du papier,
„ article par article, des choses que j'aurois envie de
„ savoir, il me le rendroit avec les réponses à chaque
„ article, après l'avoir brûlé devant moi, ajoutant qu'il
„ pourroit même me faire ensuite retrouver le papier
„ dans ma poche, ou dans ma cassette. Comme il of-
„ froit d'en faire sur le champ l'expérience, nous le
„ prîmes volontiers au mot, & Mr. *de la Vallière* s'é-
„ tant donné la peine d'écrire les demandes d'une main

„ con-

1679. „ contrefaite à dessein, & n'y aiant mis que des questions badines, il le cacheta; après quoi, Mr. *de Feuquières* donna le papier à *le Sage* pour le brûler. „ *Le Sage* ne l'eut pas plûtôt, qu'il voulut l'envelopper d'une petite ficelle, apparemment pour le supprimer & en mettre un autre à la place; mais Mr. *de Feuquières*, s'en étant apperçu, lui dit qu'il ne vouloit point perdre le papier de vûe, jusqu'à ce qu'il l'eût vû réduit en cendre; ce qui contraignit *le Sage* de le brûler comme il l'avoit promis. Il manqua de parole sur le reste, & il se trouva que j'avois assez bien jugé du peu d'habileté du personnage. Voilà tout le commerce que j'eus jamais avec ce Maraut.

„ Je dis donc sur cela aux Commissaires que Mr. *de Feuquières* avoit détrompé des gens de qualité de l'opinion qu'ils avoient que *le Sage* faisoit des choses surprenantes. Je ne voulus point leur nommer les masques, car mon affaire n'étoit que de montrer que j'avois reconnu *le Sage* pour un fripon, & je ne voulois être dénonciateur contre personne; mais c'étoit sur-tout de Mr. *de Vendôme* dont je voulois parler, & à qui Mr. *de Feuquières* avoit dit dans ce tems-là que *le Sage* étoit un coquin. Ce Prince ne l'avoit que trop éprouvé, *le Sage* lui aiant escroqué soixante pistoles par ses tours de souplesse. On finit, en m'amenant le Vicomte *Montemajor*. On me montra, avant qu'il entrât, quelque chose écrit de sa main, & qui n'étoit point en lettres ordinaires; mais en caractères de chiffre, comme trois ou quatre 6. tout de suite, d'autres lettres de même, avec des tirets, des points &

„ des

„ des marques qui en donnoient l'intelligence, & des 1679.
„ figures faites à sa fantaisie. Ils me demanderent si
„ je connoissois cela. Je leur dis qu'oui; que c'étoit
„ un chiffre que j'avois avec le Vicomte; que si ma
„ cassette n'avoit point été mouillée en passant la Meu-
„ se à gué près de Dinant, je leur montrerois le chif-
„ fre, que j'avois tout pareil à celui-là, excepté que les
„ noms propres étoient écrits dans le mien d'une écri-
„ ture ordinaire, au-lieu qu'il avoit mis au sien des figu-
„ res que je ne connoissois point. Sur cela M. *de la Reynie*
„ m'en montra quelqu'une, & me demanda si cela ne
„ vouloit pas dire *la Reine*. Je vis les caractères qu'il me
„ montroit après quelques points, au bout desquels il
„ y avoit une marque que je reconnus. Je lui répondis:
„ *Je sais bien que cette marque-là veut dire* la Reine; *mais*
„ *pour ces lettres-là, je ne les connois point*. Il m'en montra
„ d'autres, & me demanda vingt fois si elles ne vouloient
„ pas dire *franc*. Je lui répondis encore que ce chif-
„ fre-là ne contenant que des noms de gens du monde,
„ je ne savois point qu'il y eût personne qui s'appellât
„ Mr. *Franc* & Madame *Franc*, & qu'ainsi je ne croiois
„ pas qu'elles eussent cette signification. Il mettoit le
„ doigt sur ces lettres, & me répetoit, *Mais, Mon-*
„ *sieur, cela veut dire franc*, à quoi je répondis toujours
„ de même. Mr. *de Bezons*, regardant ce chiffre, y vit
„ des figures. *Il ne faut pas*, dit-il, *demander l'interpré-*
„ *tation de celles-là; car voilà les noms propres qui les pré-*
„ *cédent*. C'étoit Madame *de Ligny*, Madame *de Furs-*
„ *temberg*, Madame *de Foix*, Madame *Desdiguieres* &
„ quelques autres. Reprenant le chiffre, je lui montrai

1679. » une figure, telle que celle-ci, ╵│╵. *Je reconnois celle-* » *là*, lui dis-je, *elle veut dire* Madame de Maré, *& tout* » *auprès de cette même figure avec une barre, comme vous* » *la voiez* ╵┼╵, *c'est* Madame de Grancé, *sa sœur, aus-* » *si bien que ces deux-ci* q,q, *qui indiquent le Maréchal* » *& le Duc* de Villeroy. C'étoit un chiffre que j'avois a- » vec le Vicomte, qui va souvent dans bien des endroits » de la Ville, & qui me mandoit toutes les petites nou- » velles du monde. Après tout cela, Mr. *de la Reynie* » en revenoit toujours à me dire que ce certain mot » vouloit dire *franc*; ce qui à la fin me fit perdre pa- » tience.

„ Il me demanda si je n'avois point fait travailler le » Vicomte sur ce qui regarde ma femme. Je lui répon- » dis qu'en la présence de ma femme je l'avois fait tra- » vailler plusieurs fois sur son nom, non par bonne o- » pinion que j'eusse de sa science, mais parce qu'il disoit » souvent des choses plaisantes sur les noms, & des sot- » tises qui faisoient rire; que je l'avois aussi fait travail- » ler sur le mien, de même que sur celui de ma fem- » me, sur ceux de mes enfans & des gens de ma con- » noissance. Il me demanda ensuite si je ne l'avois pas » fait travailler sur celui du Maréchal *de Crequy*. Je lui » dis que je savois bien qu'il avoit travaillé sur celui de » Mr. le duc *de Crequy*, parce qu'il l'avoit fait devant » moi, & en la présence même de ce Duc, qui lui- » même l'en interrogeoit; ce qui me donna occasion » de leur raconter comme dans le commencement, que » je connus le Vicomte, je le trouvai chez le Comte *de* » *Grammont*, où il avoit soupé avec le Maréchal *de Gram-*

» *mont*

„ *mont* & feu Mr. *de Lionne*, & qu'ils lui firent dresser 1679.
„ la figure d'une bouteille qui étoit sur la cheminée de
„ la Comtesse *de Grammont*, en lui disant que c'étoit
„ une personne dont ils ne pouvoient lui dire le nom,
„ & qu'il falloit que par sa science il trouvât ce que
„ ce pouvoit être. Le Vicomte dressa la figure, & dit
„ que c'étoit une Princesse Allemande qu'on vouloit
„ marier en France, qu'elle étoit fort belle, excepté
„ qu'elle avoit le ventre fort grand, & que le mariage
„ ne se feroit pas. Je leur contai cela pour leur faire
„ voir comme ces gens-là se moquoient de lui, &
„ je m'en ressouvins, parce que nous en avions ri, la
„ Comtesse *de Grammont* & moi, il n'y avoit pas long-
„ tems.

„ Ils firent entrer le Vicomte, qui parla comme
„ moi, & dit une chose qui dans le commencement fit
„ quelque plaisir à ces Mrs., & dont ils n'en eurent
„ point dans la suite. Ils demanderent au Vicomte si je
„ ne l'avois point chargé de travailler sur le Maréchal
„ *de Crequy*. Il répondit qu'oui. Cela me surprit, & ne
„ m'étonna pas. Je lui dis doucement, *Dites-nous donc*
„ *quel travail je vous ai jamais chargé de faire*. Il repli-
„ qua qu'un jour, comme nous étions ensemble, le Duc
„ *de Villeroy* & moi, le Duc lui avoit demandé si les
„ armes du Roi seroient plus heureuses en Allemagne
„ qu'en Flandre durant la campagne. Il en demeura
„ là, & reprit ensuite la parole pour leur dire que par
„ des calculs, qu'il savoit faire, il jugeoit quelque-
„ fois des choses; mais que je m'en étois toujours mo-
„ qué, & que Mr. de *Louvois* lui avoit dit, quand il

1679. „ étoit à la Bastille, qu'il travaillât à voir les choses qui „ arriveroient, & qu'il lui en rendît compte.

„ L'histoire finit ainsi. Le Vicomte fut renvoié, & „ comme il étoit bien tard, ces Mrs. s'en allerent de „ leur côté. Je n'entendis plus parler d'eux depuis, ne „ les aiant vûs que le jour que j'allai à la Chambre. „ Voilà à peu près tout ce qui s'est passé dans toutes „ les interrogations qui m'ont été faites, dont je suis „ bien-aise de vous rendre compte, afin que vous en „ sachiez la manière, que vous en puissiez parler à gens, „ qui, sachant comme on doit se conduire dans ces „ sortes de choses, vous instruisent si l'on a obser- „ vé à mon égard les formalités de la Justice, ou si „ l'on a manqué de les suivre par l'envie qu'on avoit, „ comme je crois, de me rendre coupable, quoiqu'on „ connût assez mon innocence. C'est de quoi vous fe- „ rez tel jugement qu'il vous plaira. Mais vous savez „ que *la Voisin* accusa force gens, croiant par-là mettre „ sa vie à couvert. *Le Sage* pourroit bien avoir agi à „ mon égard par le même motif. Il y a bien sujet de „ soupçonner qu'il en avoit encore un autre; c'étoit de „ contenter Mr. *de la Reynie*, en soutenant effronté- „ ment une partie des faussetés absurdes qu'il lui avoit „ fait suggérer, s'il ne les lui a conseillées lui-même. „ Cette conjecture n'est pas sans fondement, & beau- „ coup de circonstances, outre celles que vous avez „ vous-même remarquées dans ce recit, semblent la „ confirmer.

„ Le fils du Lieutenant de Vincennes dit plusieurs „ fois à *Bonnart* & à *Boitot* que s'ils disoient des cho-

„ ses

» ses bien fortes contre moi ; ce seroit le moïen de les 1679.
» tirer d'affaire. *Des-Grez* leur a souvent tenu le même » discours, & vous savez que ce que *Bonnart* & *Boitot*, » avant que d'aller aux Galères, signerent pour la dé» charge de leur conscience en présence de celui qui » commande la chaîne des galériens, pourroit encore » en être une preuve. On m'a rapporté que *Bonnart* » avoit parlé à Mr. *Acart* d'une manière qui fait assez » juger qu'on avoit voulu l'engager à dire quelque cho» se contre moi, & je sais encore un honnête homme, » que je vous nommerai, à qui *des-Grez* avoit dit net» tement que je ne paroîtrois jamais innocent, & qu'on » ne vouloit pas en avoir le démenti. Ce fut sans dou» te pour cela qu'on fit avaler à *le Sage*, coup sur coup, » trois grands verres de vin sur le dégré de ma cham» bre, en me l'amenant devant moi pour m'être con» fronté, ainsi que Mr. *de Bezemeaux* le fit remarquer à » mon Valet-de-Chambre. Mais ce qui prouve plus » clairement qu'on avoit dessein de me perdre, c'est cet» te obstination affectée de mes Commissaires de ne vou» loir point s'assûrer de la vérité par les voïes infailli» bles qu'ils avoient de s'en convaincre, & de ne point » faire arrêter ceux dont ils craignoient que les dépo» sitions ne manifestassent mon innocence.

„ Non seulement ils n'ont jamais voulu écouter le » Procureur-général de Ligny, entre les mains de qui » j'avois remis le Pouvoir fatal dont on avoit abusé, » comme je l'ai dit, & sur lequel il eût pû rendre un » meilleur témoignage qu'aucun autre; mais je ne pus ja» mais obtenir qu'ils fissent arrêter *la Gardette* & *l'Huil-*

1679. » *lier*, dont les dépositions eussent éclairé toutes choses. » J'ai même tout lieu de croire qu'ils ne firent jamais » rapport à la Chambre de mes justes instances sur ce » sujet. Il est si certain qu'on eût trouvé ces deux hom- » mes avec *le Sage* auteurs de tout le mal dont on devoit » rechercher la source, que *la Gardette*, ainsi que je » l'ai appris depuis ma sortie de prison, a été malade » de la peur qu'il eut d'être impliqué dans cette affaire. » *L'Huillier*, qui ne craignoit pas moins que lui, avoit » dit à un des Mrs. *Stoppa*, qui sont de mes amis, qu'il » étoit la cause innocente d'une partie des fausses accu- » sations qu'on faisoit contre moi, & qu'il étoit tout » prêt de l'aller déclarer aux Juges; c'est-à-dire qu'il » n'eût pas été fâché de raconter de quelle manière il » avoit fait amuser *Bonnart* par *la Gardette* & *Boitot*, a- » fin qu'on s'en tint à ce qu'il auroit dit, & qu'on ne » fouillât pas plus avant. J'avois prié Mrs. *de Bezons* & » de *la Reynie* de presser *Bonnart* & *Boitot* de déclarer » tout ce que *l'Huillier* & *la Gardette* leur avoient fait » faire; mais ces Mrs. ne daignerent pas les interroger » là-dessus, quoique je leur eusse représenté plusieurs » fois que je savois par *du Parc*, l'ami intime de *l'Huil- » lier*, que c'étoient lui & *la Gardette* qui avoient fait » agir *le Sage* pour surprendre ce misérable *Bonnart* & » pour lui tourner la tête, ainsi qu'il le fit. Mes prières & » la justice devoient bien, ce semble, les engager à s'éclair- » cir de ce que je leur disois là-dessus, & s'ils avoient » pris autant de soin de me justifier, qu'ils en appor- » toient pour essayer de me rendre coupable, ils au- » roient vérifié toutes les friponneries que *l'Huillier* &

» la

„ *la Gardette* m'avoient faites. Mais quelque soin qu'ils 1679.
„ prissent pour ne point apprendre ce qu'ils vouloient
„ ignorer, ils ne purent empêcher que *Bonnart* ne leur
„ dît dans la confrontation que ce *la Gardette* avoit don-
„ né de l'argent à *Boitot* pour retirer le Pouvoir que j'a-
„ vois signé, & qu'il l'avoit appris du maître du ca-
„ baret où cet argent avoit été compté. *Bonnart* fit de-
„ puis, étant à la chaîne & allant aux Galères, la même
„ déclaration à un Capitaine aux Gardes que vous con-
„ noissez, & qui le rencontra en chemin. Il lui conta
„ tous les sots commerces qu'il avoit eus avec *le Sage*,
„ desquels il l'assûra que je n'avois jamais rien sû. *Boi-*
„ *tot*, qui étoit aussi à la chaîne avec *Bonnart*, avoua
„ à la même personne tout ce qu'il avoit fait avec *le Sa-*
„ *ge* par l'ordre de *la Gardette*, & lui déclara qu'il ne
„ m'avoit jamais vû, comme je l'ai déclaré aux Com-
„ missaires. . . . .

„ . . . .

„ . . . .

„ . . . .

„ . . . .

„ . . . .

„ Enfin, pour tout vous dire en quatre mots, je ne
„ puis douter que je ne fusse aussi bien justifié dans l'es-
„ prit de Mr. de *la Reynie*, avant que d'entrer à la Bastille,
„ que je l'ai été depuis devant mes Juges; car je n'y ai
„ été mis que par rapport à *Bonnart* & à cause de *le Sa-*
„ *ge*. Le premier avoit déclaré en Justice, avant qu'on
„ décrétât contre moi, tout ce que vous venez de voir
„ qui faisoit ma justification, & l'addition qu'il avoit

„ mi-

1679. „ mise à mon Pouvoir à mon insçû ; ainsi il n'y avoit „ rien à dire sur ce point. A l'égard de *le Sage*, il avoit „ donné contre moi trois témoins, savoir le Prêtre, „ *le Verrier* & *Vigoureux* ; & comme aucun des trois ne „ me connoissoit, il n'est pas croiable qu'on ne leur „ eût pas parlé de moi pour les disposer, si l'on eût „ pû, à déposer contre ma personne. C'est de quoi „ vous jugerez aisément par ce fidèle recit".

Nouvelle Guerre, dans laquelle Mr. de Luxembourg est exclu du Service.

1688. LA rupture de la paix causa une nouvelle guerre ; mais à laquelle Mr. de Luxembourg n'eut aucune part cette année. Mgr. le Dauphin attaqua & prit Philipsbourg. Ce siége fut suivi de ceux de trois autres places, Heidelberg, Manheim & Franckendahl.

Vengeance qu'il éprouve de la part de Mr. de Louvois.

1689. LA guerre devenant plus sérieuse, on mit plusieurs armées en campagne. Mr. de Luxembourg n'obtint le commandement d'aucune par un effet du ressentiment de Mr. de Louvois, qui avoit conçu pour le Duc

Duc une haine implacable. L'armée de Flandre eut pour Chef Mr. le Maréchal d'Humieres, & Mr. le Maréchal de Duras commanda celle d'Allemagne. 1689.

Résultat d'un Entretien qu'il a avec le Roi.

1690.

MEcontent de l'échec que Mr. le Maréchal d'Humieres reçut à Valcourt (*a*), le Roi résolut de lui ôter le commandement de son armée de Flandre pour le confier à la prudence & à la valeur de Mr. de Luxembourg. Au commencement de cette année, le Duc s'acquittoit à Versailles des fonctions de Capitaine des Gardes, lorsque Sa Majesté, passant dans la grande salle, lui ordonna de la suivre à son Cabinet. „ Mr. de „ Luxembourg, lui dit le Monarque, j'ai une nouvel„ le à vous apprendre; c'est que j'ai fait choix de vo„ tre personne pour commander mon armée de Flan„ dre". Le Maréchal, étonné, recula deux pas, & demanda respectueusement au Roi si Sa Majesté y avoit bien pensé. „ Qu'y a-t-il là, repliqua le Roi, qui doi„ ve vous surprendre? N'avez-vous pas déjà commandé „ mes armées en Chef, & n'êtes-vous pas encore capa„ ble de me servir en cette qualité?" *Sire*, repartit Mr. de Luxembourg, *je suis prêt à verser jusqu'à la dernière goutte de mon sang pour le service de Votre Majesté; mais Mr. d'Humières commande en Flandre, & j'ai lieu d'é-*

(*a*) Le 27. Août 1689.

1690. *d'être surpris que Votre Majesté me substitue à sa place.* „ Je suis le maître de nommer tels de mes Généraux „ qu'il me plait, reprit le Roi. Je vous trouve capable „ de remplir ce poste ; cela me suffit". *Mais, Sire,* poursuivit Mr. de Luxembourg, *permettez-moi de vous représenter qu'il y a ici un obstacle invincible. Mr. de Louvois & moi sommes brouillés irréconciliablement. Il est Ministre de la Guerre, il contrecarrera & fera échoüer mes desseins, fussent-ils les mieux concertés.* „ Je veux bien, continua „ le Roi, vous réconcilier avec lui". *Sire,* repliqua le Maréchal, *la réconciliation est impossible ; je serois même forcé de desobéir aux ordres de Votre Majesté, si Elle m'en imposoit l'obligation.* „ Puisque cela est, dit le Roi, je „ ne prétends pas vous gêner là-dessus ; mais je vous „ promets que j'aurai soin que Louvois aille droit, & „ je l'obligerai de sacrifier au bien de mon service la „ haine qu'il a pour vous". *Je me rends, Sire, je me soumets à votre volonté,* repliqua le Maréchal ; *mais je supplie Votre Majesté de m'accorder la permission de m'adresser directement à Elle-même dans les affaires de grande importance, sans passer par le canal de Mr. de Louvois.*

Le Roi consentit à la prière de Mr. de Luxembourg, qui depuis lors écrivit toujours en droiture à Sa Majesté, dont il recevoit les réponses, écrites & signées de sa propre main. Il en avoit plus de deux cens lettres, qu'il conservoit, avec les minutes des siennes ; mais que Mr. de Racine, après la mort du Maréchal, redemanda par ordre de la Cour au Duc son fils, sous prétexte qu'il en avoit besoin pour composer l'Histoire du Monarque. Mr. l'Abbé Abeil eut l'impru-

prudence de les rendre toutes, ſans en avoir tiré copie. 1690.
La Cour reprit ces lettres, qui contenoient certains faits, qu'elle avoit intérêt de ſupprimer.

Avec quelle gloire il ſe tire d'un piége que lui tend Mr. de Louvois.

MAlgré tout l'aſcendant qu'avoit Mr. de Louvois ſur l'eſprit de ſon Maître, le Roi étoit trop prévenu en faveur de Mr. de Luxembourg pour prêter l'oreille à toutes les ſuggeſtions de ſon Miniſtre. Ce Prince eſtimoit l'un à cauſe de ſa capacité dans l'adminiſtration des affaires de l'Etat, & ne faiſoit pas moins de cas de l'autre par rapport à ſon habileté dans l'exécution des projets de guerre. Il abandonna à celui-ci la conduite des opérations de cette campagne en Flandre, & lui ordonna de l'ouvrir du côté de la mer & de Gand.

Mr. de Luxembourg aſſembla l'armée & la conduiſit de ces côtés-là; mais il ne tarda pas à s'appercevoir du manège de ſon ennemi perſonnel. Mr. de Louvois, toujours diſpoſé à nuire au Maréchal en toute occaſion, lui fit ſignifier par pluſieurs couriers que le Roi, aiant eu avis de la marche de l'Electeur de Brandebourg pour joindre le Prince de Waldeck, Sa Majeſté vouloit qu'il vint camper entre Sambre & Meuſe, où il ſeroit à portée d'empêcher la jonction. Cet ordre, non ſeulement étoit contraire au plan formé par la Cour; mais

1690. même préjudiciable à l'armée, & de nul obstacle au dessein des ennemis. Mr. de Luxembourg, qui comprit à qui il avoit à imputer la démarche qu'on exigeoit de son obéissance, représenta diverses fois que ce qu'on lui commandoit ne répondoit pas aux devoirs que le Roi lui avoit imposés; que quand même il s'opposeroit à la jonction dans un endroit, les ennemis, qui auroient toujours leurs derrières libres, ne l'effectueroient pas moins dans tel autre qu'ils jugeroient à propos; & que la guerre aiant été résolue d'un autre côté, l'armée ne trouveroit pas ailleurs les magasins établis pour sa subsistance. Quelque solides que fussent les raisons du Maréchal, elles n'eurent aucun effet. On persista dans la même résolution; mais ce qui marqua le plus la rancune de Mr. de Louvois, fut qu'en quittant les lieux de sa destination, Mr. de Luxembourg dut laisser aux ordres de Mr. le Maréchal d'Humieres une partie de l'élite des troupes, auxquelles suppléeroient celles d'un Corps séparé que Mr. le Maréchal de Boufflers commandoit du côté de Liége.

Il ne convenoit plus de contester, il s'agissoit de plier sous la volonté d'un Ministre, autorisée par l'agrément du Roi. Mr. de Luxembourg céda à la nécessité, & pour cacher d'autant mieux sa marche, il détacha plusieurs pelotons d'infanterie qui prirent les devants, les rejoignit avec la cavalerie, & arriva à Jeumont, où il rencontra celle de M. de Boufflers, commandée par Mr. de Gournay, Lieutenant-Général. Outre ce détachement, il devoit lui en venir un autre d'infanterie, qui étoit en chemin sous les ordres de Mr. de Rubantel. Il en en eut avis par un courier que lui dépêcha Mr. de Bouf-flers ; mais pour épargner aux soldats la peine d'une marche inutile, il manda au Lieutenant-Général de s'arrêter, & lui indiqua l'endroit où il iroit le joindre. 1690.

De Jeumont Mr. de Luxembourg s'avança jusqu'à Gerpines, où il ne resta qu'un jour. Dans ce court intervalle de tems il envoia le Maréchal-de-Camp de jour tracer un camp & ouvrir des chemins du côté opposé à celui par où il se proposoit de marcher. Il craignoit qu'en exécutant les ordres de la Cour, les ennemis ne l'empêchassent de passer la Sambre, & qu'à la faveur des hauteurs au-delà de cette rivière ils ne lui fissent un mauvais parti. Il étoit question d'éviter l'un & l'autre par stratagême.

Après le coucher du soleil, il ordonna que toutes les troupes se tinssent prêtes à décamper ; la Gendarmerie avec les Dragons & les Grénadiers à dix heures du soir; le reste de l'armée à la pointe du jour. Lui-même marcha pendant la nuit, & arriva de grand matin, conjointement avec les Corps de Mrs. de Gournay & de Rubantel, à Ham dans l'anse de la Sambre, où le reste de l'armée parvint le soir. Les ennemis avoient deux redoutes de l'autre côté de la rivière, il les fit d'abord attaquer, l'une par les Dragons du Roi & de Pomponne, l'autre par les cavaliers de Furstemberg. Ces Régimens passerent la Sambre à la nage, & s'emparerent des deux redoutes, sous l'une desquelles on construisit un pont de batteaux, que Mr. le Comte de Saillant traversa avec ses Grénadiers pour se saisir du château de Froidmont, défendu par cent hommes. Le Commandant,

1690. sommé de se rendre, refusa d'obéir, quoique témoin de la présence de toute l'armée. Il respecta le canon, livra sa personne & son poste, où l'on mit quelques troupes.

Dès le soir, Mr. de Luxembourg détacha du côté de Namur un gros parti sous la conduite de Mr. de Cheladet, qu'il chargea de lui apprendre des nouvelles. Pour lui, il s'en fut le lendemain à la pointe du jour, escorté de la Gendarmerie, des Régimens de Dragons du Roi & de Pompone, visiter au-delà de la Sambre les lieux où il jugeroit le plus à propos d'asseoir son camp. Il reçut bientôt de M. de Cheladet des informations qu'il étoit sorti de Namur un Corps de cavalerie, que le Prince de Nassau conduisoit à l'armée des ennemis. Mr. de Luxembourg lui manda de ne pas le perdre de vûe, & qu'il se préparoit à soutenir son détachement. En effet il partit avec quelques escadrons, joignit Mr. de Cheladet, & atteignit précipitamment le Corps ennemi pendant qu'il faisoit halte aux hayes près de Fleurus. Là, sans avoir égard à son infériorité en nombre, il rangea ses troupes en bataille, fondit sur ce Corps, le mit en déroute, & le battit autant de fois qu'il revint à la charge. Cependant parurent les drapeaux de l'armée ennemie, à l'aspect desquels Mr. de Luxembourg pensa à la retraite. Il fut vigoureusement poursuivi; mais Mr. le Marquis d'Alegre, qui commandoit trois Régimens de Dragons, aiant proposé au Maréchal d'ordonner qu'ils missent pied à terre & se postassent dans des hayes, la chaleur de la poursuite se rallentit tout à coup. Leur première décharge culbuta deux ou trois escadrons les plus acharnés; ce qui contint tellement les autres, que les troupes regagnerent paisiblement le camp que

que Mr. de Luxembourg avoit choisi. Les ennemis eurent lieu de se souvenir de cette action, dans laquelle ils perdirent quantité d'Officiers, aussi distingués par leur naissance que par leurs emplois, sans compter un bon nombre de prisonniers & plusieurs étendarts qui tomberent entre les mains des vainqueurs. 1690.

Mr. de Luxembourg, content de cet avantage, remit au lendemain à repasser la Sambre, plûtôt que de s'engager entre le gros des ennemis & deux de leurs places; autant d'obstacles pour ses convois. Vers le soir il envoia rôder dans les environs trois Officiers de confiance, qui à différentes heures devoient revenir au camp lui rendre compte de leurs découvertes. Il leur donna rendez-vous à l'aîle droite, plus voisine que l'autre de l'armée de Mr. le Prince de Waldeck, & où tous les Officiers-Généraux devoient se rendre avant le jour. On eut deux avis conformes que les ennemis avoient passé la nuit sous les armes près de Fleurus, & au troisième rapport qui confirma les deux précédens, Mr. de Luxembourg prit sur le champ sa résolution. Il estima qu'il valoit autant hazarder une bataille que risquer son arrière-garde en repassant la rivière si près de l'ennemi. Il manda les Officiers-Généraux, les renvoia chacun à leur poste, & leur donna des guides pour conduire la droite jusqu'au lieu où il leur dit de s'arrêter. Il prescrivit le même ordre pour l'infanterie, & se chargea lui-même de mener l'aîle gauche.

L'armée, marchant ainsi en bataille, s'avança jusqu'à la vûe des ennemis, & fit halte. En même tems que Mr. de Luxembourg envoia une Brigade d'infanterie oc-

1690. occuper le village de Fleurus où il vouloit appuier sa gauche, il alla en personne reconnoître les chemins par où déboucheroient les troupes. Il remarqua avec chagrin qu'un ruisseau & un marais sépareroient les deux armées; mais loin de se rebuter par l'obstacle, il ne songea qu'à chercher un milieu. Ce fut d'étendre la première ligne de sa droite jusqu'à la hauteur du château & de l'Eglise de Ligny, où se trouverent deux petits ponts sur lesquels passa toute la cavalerie un à un. Pour en dérober la connoissance aux ennemis, il ordonna à la seconde ligne d'occuper le terrein de la première, jusqu'à ce que celle-ci eût traversé le ruisseau. La feinte réussit; ils ne s'en apperçurent que lorsqu'ils virent toute l'aîle droite en bataille sur leur flanc & sur leurs derrières. Mr. de Luxembourg avoit remarqué une cense à laquelle il s'étoit proposé d'appuier sa droite. Il dépêcha en toute diligence Mr. le Marquis d'Alegre avec tous ses Dragons pour s'en emparer, & envoia deux bataillons du Régiment des Gardes se poster dans des hayes, non loin de l'endroit. Ceux-ci eurent ordre d'emmener avec eux quelques piéces de canon, dont ils devoient faire plusieurs décharges en arrivant aux hayes, afin que les ennemis, qui détachoient de l'infanterie du côté de la cense, se persuadassent que le poste étoit déjà garni d'un gros Corps de troupes. Par ce moïen on donna à la cavalerie le tems d'y arriver, & on obligea les ennemis de déplacer une partie de leur armée pour l'opposer à la droite, qui se trouva appuiée à la cense. Pendant cette manœuvre, l'infanterie Françoise franchit le ruisseau & le marais, tant sur des ponts qu'el-

qu'elle s'étoit construits sur l'un, que par des passages 1690.
qu'elle s'étoit faits sur l'autre. Mr. de Luxembourg, en étant venu examiner la disposition, observa que les ennemis avoient des postes dans plusieurs châteaux, près desquels il ordonna qu'on détachât des troupes, avec défense de les attaquer.

Au signal du combat (a), toute l'armée Françoise s'ébranla en même tems. Bientôt les deux aîles de cavalerie des ennemis fut renversée & défaite, jusque-là que l'infanterie s'en vit absolument dépourvûe à sa droite & à sa gauche. Dans cet état elle ôsa se ranger en bataille au milieu de la plaine; de sorte qu'après avoir combattu & vaincu à cheval, il fallut combattre & vaincre à pied. On avoit laissé une partie de l'infanterie de l'armée de France à la garde des bagages de l'autre côté de la Sambre; ce qui la rendoit moins forte. Elle fut mise en bataille vis-à-vis celle des ennemis, laquelle, pour embrasser plus de terrein, n'étoit qu'à quatre de hauteur, sans intervalle entre les bataillons. Mr. de Luxembourg garda les intervalles ordinaires dans les siens, dont il lui resta neuf bataillons qu'il posta à dos des ennemis, qui, attaqués de tous côtés, furent obligés de faire faire demi-tour à droite à deux de leurs rangs. Il forma encore plusieurs petites lignes de cavalerie à l'opposite de leur flanc, afin qu'on pût l'enfoncer pendant qu'on les chargeroit en tête & en queuë. Ensuite il envoia à l'Officier, qui commandoit cette brave infanterie ennemie, un de ses Aides-de-Camp lui représenter le danger qu'il couroit, étant enveloppé de toutes parts; mais

(a) Cette bataille se donna le 1. Juillet.

1690. mais le Général fit réponse qu'il vouloit mériter l'estime d'un aussi grand Capitaine que Mr. de Luxembourg, & que pour n'en être pas indigne, il se défendroit jusqu'à la dernière extrémité. A cette réponse succéda l'attaque, que cette infanterie soutint avec tant d'intrépidité, que non seulement les cinq premiers bataillons en rang y perdirent la vie; mais encore que tous les autres se maintinrent dans le champ de bataille jusqu'à leur entière défaite, à la réserve d'environ neuf bataillons, lesquels se sauverent par les bois de Charleroy dans cette place.

L'armée battue, on tomba sur le reste des troupes postées dans les châteaux, d'où, après quelques volées de canon, elles sortirent pour se rendre à la discrétion du vainqueur. Jamais victoire ne fut plus complette. On compta du côté des ennemis jusqu'à huit mille hommes étendus sur la place, & près de neuf mille prisonniers, outre la perte de quatre-vingts-dix piéces de canon, de douze mortiers, de six obuces, de tous les pontons de cuivre, & de cent vingt drapeaux ou étendarts. Certainement Mr. de Louvois n'apprit qu'avec amertume de cœur une nouvelle si agréable au Roi & à toute la France. Il avoit, pour ainsi dire, enfermé Mr. de Luxembourg entre la Sambre & deux des plus fortes places des ennemis, comptant que quelque disgrace terniroit l'éclat de sa réputation & lui ôteroit la confiance de son Prince; mais le piége, tout dangereux qu'il étoit, ne servit qu'à augmenter la gloire du Maréchal. Enfin si le Ministre ne put amoindrir aux yeux du Roi la grandeur de cette victoire, au moins il empêcha.

cha qu'on n'en recueillît tout le fruit que l'on pouvoit 1690.
en attendre.

Mr. de Luxembourg, impatient de profiter de ses succès, proposa à la Cour de lui permettre d'assiéger Namur, ou Charleroy. Il assûroit que la dernière de ces places ne tiendroit tout au plus que quatre à cinq jours; que les ennemis y avoient transporté tous leurs équipages & leurs blessés; que la contrescarpe, le chemin-couvert & les trois quarts de la ville en étoient remplis; & qu'au-lieu d'emploier des troupes contre d'autres hors d'état de servir, les mortiers seuls suffisoient pour consommer l'entreprise.

Pour réponse à la proposition, le Maréchal, qui n'avoit d'autre intérêt à cœur que celui du Roi & de l'Etat, reçut un ordre exprès de renvoier à Mr. de Boufflers la plus grande partie de l'armée, & de marcher avec le reste par derrière la Sambre & l'Orneau pour camper à Keurin. Il obéit en partie. Au-lieu de prendre la route lui prescrite, il passa à travers du Pays ennemi, persuadé que des gens, qu'il venoit de battre à platte couture, n'ôseroient lui en barrer le chemin. En effet il entreprit & acheva sa marche sans la moindre opposition. Il campa pendant quelque tems, mais dans une oisiveté si accablante, que ne pouvant plus la supporter, il décampa de là pour Lessines. Ici il fourragea jusqu'à la contrescarpe d'Ath, détruisit toutes les écluses sur la Dendre, rasa les murs des petites villes du voisinage où les ennemis auroient pû établir des quartiers d'hyver, alla prendre les siens dans la Châtellenie de Courtray, fit relever dans cette ville quelques mau-

1690. vaises fortifications de terre, se donna le même soin à Furnes & à Dixmude, & finit ainsi les glorieux travaux de cette campagne.

Il coopere à la réduction de Mons, assiégée par le Roi.

1691. ON n'avoit paru négliger les avantages qu'offroit la victoire remportée à Fleurus, que parce que le Roi s'étoit proposé d'en tirer parti conjointement avec son Maréchal. Il est vrai que le Monarque & son Ministre avoient concerté le projet du siége de Mons sans la participation de Mr. de Luxembourg, qui n'en eut avis que par la voix publique pendant qu'il étoit à Paris. Mécontent du mystère, il se rendit à Versailles, où il arriva précisément à l'heure que le Roi se mettoit à table. A peine fut-il apperçu de Sa Majesté, qu'Elle lui déclara hautement le dessein qu'Elle lui avoit caché jusqu'alors. Le Maréchal n'ignoroit pas la nouvelle, il fut charmé d'en apprendre la confirmation de la bouche de son Maître. Il attendit les ordres du Roi, qui, à l'issue du repas, lui dit de le suivre dans son Cabinet. Ceux, qu'il reçut, furent qu'il partiroit pour Valenciennes deux jours avant; qu'il y régleroit les préparatifs nécessaires; que de là il se transporteroit au Quênoy, & s'y arrêteroit jusqu'au moment que le Roi y arrivât en personne. Mr. de Luxembourg répondit humblement que n'aiant qu'une connoissance superficiel-

cielle des volontés de Sa Majesté, il doutoit qu'il pût 1691.
les remplir dignement; qu'il la supplioit de vouloir bien lui pardonner, si dans l'incertitude il manquoit en quelque point; qu'au reste il n'avoit rien de plus pressé que de prendre congé d'Elle pour aller préparer ses équipages, dont il s'étoit figuré qu'il n'auroit pas besoin.

A son arrivée au Quênoy, le Roi dit au Maréchal que tout le service, qu'il exigeoit de lui, se bornoit à occuper le quartier de Nimy, comme étant le plus voisin des ennemis: qu'il eût à mettre tout ce côté-là en sûreté, & prît toutes les précautions possibles pour empêcher qu'ils n'en approchassent, en cas qu'ils entreprissent de secourir la ville. Mr. de Luxembourg fit faire les lignes de circonvallation telles qu'il jugea le plus à propos, rendit impraticables par des abattis de gros arbres les issues d'un bois qui aboutissoit au quartier, & ne négligea rien de ce qu'il crut propre à être bientôt averti des mouvemens des ennemis. De tems à autre il recevoit des avis, qu'il communiquoit aussitôt au Roi. Il apprit sur-tout de bonne part que le Prince d'Orange assembloit à Halle un Corps de troupes dans le dessein de marcher vers la place. Sa Majesté n'en fut pas plûtôt instruite, qu'Elle ordonna au Maréchal de la joindre. Il arriva de grand matin au quartier général, où il eut avec le Roi une conférence secrette qui dura près de deux heures.

Après avoir déliberé sur les moïens de prévenir les obstacles dont le siége étoit menacé, enfin Mr. de Luxembourg opina que si une petite partie de l'armée oc-

1691. occupoit le poste du Castiau & de Saint-Denys, il auroit bien de la peine à croire que le Prince d'Orange vint à bout de passer au-delà. Il appuia même son opinion d'une promesse que si Sa Majesté consentoit à la proposition, il se faisoit fort d'arrêter l'ennemi, & le défioit de le forcer dans ce poste. C'en étoit assez pour gagner le suffrage du Monarque. Il ordonna au détachement, que demandoit Mr. de Luxembourg, de se tenir prêt à marcher à ses ordres, & de se pourvoir de pain pour cinq jours. Ensuite il manda Mr. de Louvois, à qui il communiqua le résultat de sa conférence avec le Maréchal. Le Prince d'Orange ne mit pas celui-ci à une épreuve qui l'obligeât de tenir parole. Informé du camp qu'il avoit tracé, il perdit toute esperance, & n'avança pas plus avant. Ainsi continua le siége sans interruption, jusqu'à ce que le Roi se rendit maître de Mons; conquête d'autant plus glorieuse, que la place étoit importante & difficile à subjuguer.

Effets de sa vigilance. Nouveaux Lauriers qu'il moissonne.

LEs ennemis assembloient leur armée sous Bruxelles, lorsque Mr. de Luxembourg partit du voisinage de Courtray avec la sienne, & arriva près de Halle en cinq ou six jours de marche. Ce poste étoit garni d'un gros Corps d'infanterie, qu'il résolut de faire attaquer à l'improviste dès la nuit même de son arrivée; mais qui, averti trop tôt de l'approche d'un détachement

com-

commandé par un Brigadier & un Colonel, se retira 1691.
avant que toutes les troupes fussent à portée de le joindre.

Le lendemain Mr. de Luxembourg prit une escorte & alla reconnoître les ennemis. A son aspect ils se mirent en bataille, persuadés qu'il épioit l'occasion d'engager un combat. C'étoit bien son intention. Il envoia ordre aux Officiers-Généraux de s'avancer de ce côté-là, & rangea son armée vis-à-vis l'autre. Elles furent long-tems en présence, celle-là à attendre la décision, celle-ci l'attaque. Enfin après avoir souvent examiné la situation du lieu & la position des ennemis, le Maréchal jugea, qu'eu égard aux avantages & aux difficultés réciproques, il auroit trop de risque à courir. En effet leur front étoit garanti par un ruisseau qui bordoit l'étendue de leur camp, outre une hauteur, laquelle regnoit devant eux assez loin pour les couvrir en partie. On s'étoit arrêté à rien faire, l'armée du Roi s'éloigna, jusqu'à ce que le tems amenât quelque conjoncture plus favorable où l'on pût se rapprocher & ne se séparer qu'après en être venu aux mains.

Mr. de Luxembourg étoit trop clair-voiant pour ignorer long-tems les desseins des ennemis. Il s'apperçut bientôt par leurs démarches qu'ils se proposoient d'assiéger successivement Dinant & Mezieres, afin de s'ouvrir un chemin à des opérations de plus grande importance. Il faut l'avouer, rien ne pouvoit être plus pernicieux pour l'Etat, si l'évenement répondoit au projet; mais l'habileté & l'activité d'un grand Capitaine en rendoient la réussite imaginaire à ceux qui la regar-

doient

1691. doient comme certaine ou possible. Sans prétendre flétrir la mémoire de Mr. de Louvois, il sembloit qu'aveuglé par la haine, il consultât moins son zèle pour le bien de la France que sa passion de faire du mal au Maréchal. Tandis que ce héros mettoit toute son attention à détourner le coup que méditoient les ennemis, le Ministre lui manda de bombarder Bruxelles. Mr. de Luxembourg étoit bien éloigné d'acquiescer à cet avis. Au-lieu de s'amuser à disputer avec Mr. de Louvois, il eut recours au Roi même. Il l'informa de l'orage qu'on avoit à craindre, le pria de considérer que le bombardement d'une ville ne seroit pas un équivalent des pertes que l'on souffriroit d'ailleurs, & que les ennemis se trouveroient trop heureux qu'on leur laissât les bras libres pour agir selon leurs vûes, lorsque l'armée, hors d'état de s'y opposer par sa présence, s'occuperoit à une entreprise si à contre tems. Sa Majesté, convaincue de ces vérités, s'en rapporta tout à la fois au jugement & à la conduite de son Maréchal, qui à ces deux égards acheva de lui donner des marques dignes de toute sa confiance.

Jamais on ne vit de plus belles manœuvres de guerre que pendant cette campagne. Les Chefs des deux armées furent sans cesse en mouvement vers la Meuse; mais avec cette différence que de quelque côté que le Prince d'Orange dirigeât sa marche, Mr. de Luxembourg compassa tellement la sienne, qu'il se rencontra par-tout pour lui boucher les passages. Ces mouvemens les conduisirent jusqu'à la Sambre, où le Maréchal se choisit un camp à Merbe-Potterie. Il y apprit

la

la mort de Mr. de Louvois, dont il avoit tant sujet 1691.
de se plaindre; mais dont il ne regretta pas moins la perte par rapport à son grand mérite. Un jour qu'il campoit encore au même endroit, on vint l'avertir que les ennemis étoient en marche depuis le matin. Il se douta qu'ils prenoient la route de Florennes, d'où ils se porteroient sur la Meuse. De crainte que s'ils le prévenoient, il ne fût obligé de faire un long détour qui ne serviroit qu'à leur procurer du tems, il partit aussitôt avec l'armée pour Slenrieu. Il y arriva la nuit, ne s'y arrêta que quelques heures à cause de la fatigue des troupes, & leur ordonna de passer par Philippeville à Emptine, où elles devoient camper au-dessus de Florennes. Dans son impatience il s'avança avec tout le campement & avec les Dragons de l'armée, & lorsque sans débrider, il eut poursuivi son chemin jusqu'à une lieuë ou environ de Philippeville, il envoia signifier au Gouverneur qu'il vouloit en être salué de toute son artillerie au moment qu'il entreroit & sortiroit de la place. Cet ordre, si opposé en apparence à sa modestie ordinaire, eut pour motif, non une vaine ostentation, mais l'idée de causer aux ennemis un étonnement qui interrompît leur marche.

En effet le Prince d'Orange, surpris de ce fracas de canon, & ne pouvant se figurer que le Maréchal l'eût suivi avec tant de diligence, détacha du monde, qui lui rapporta la nouvelle de l'arrivée de Mr. de Luxembourg à Philippeville, avec cette circonstance qu'il en étoit sorti quantité de troupes. Le Prince se rendit sur une hauteur, d'où il fut encore plus étonné de voir

1691. marquer un camp dans l'endroit même où il avoit résolu d'asseoir le sien. Il prit le parti de camper sur le terrein où il étoit actuellement, & jusqu'où Mr. de Luxembourg fit enlever tous les fourrages, sans éprouver le moindre obstacle.

Le Prince d'Orange, toujours prévenu d'un côté, voulut essayer s'il ne réussiroit pas à prévenir de l'autre. Peu de jours après, il détendit & prit une marche opposée à celle qu'il avoit tenue jusqu'alors. Le lendemain Mr. de Luxembourg s'en fut camper à Cerfontaine; position peu tenable à la vérité, mais convenable en ce qu'il n'y avoit point de chemin plus court pour dévancer l'ennemi. Il ne s'y arrêta qu'un jour, qu'il emploia à reconnoître lui-même les routes par où l'armée gagneroit commodément à travers du bois de Folempris le village de Lugny. Le Maréchal y trouva un poste avantageux, il s'en accommoda pendant que les ennemis marchoient par Beaumont pour l'occuper. Le Prince d'Orange, qui de la hauteur à côté de cette ville vit l'armée Françoise déboucher du bois en ordre de bataille & s'étendre dans la plaine de Lugny, descendit avec une partie de ses troupes sur le bord du ruisseau de Beaumont. Il y fit jetter quelques ponts comme s'il avoit dessein de hazarder une attaque; mais Mr. de Luxembourg aiant ordonné à une Brigade d'artillerie de se placer sur la hauteur, elle fut bientôt à coups de feu l'éloigner du ruisseau. On ne sauroit disconvenir que cette marche du Maréchal ne doive être comptée parmi ses exploits héroïques, puisqu'elle déconcerta en un moment tous les importans projets du du Prince d'Orange; aussi fut-elle fort vantée en ce tems-là & universellement applaudie. 1691.

Les ennemis ne songerent plus qu'à tenter ailleurs une meilleure fortune. Après quantité de marches & contre-marches qu'il seroit également long & inutile de décrire, ils se fixerent à Leuse, où ils mirent leur gauche & appuierent leur droite au pont de la Catoire. Ils devoient en décamper pour Cambron le lendemain du jour que Mr. de Luxembourg, à la tête de la Maison du Roi, s'avançoit de Renay à Herines. Il en fut instruit chemin faisant; ce qui l'engagea à changer de dessein. Au-lieu de conduire cette colonne à Herines, il la mena camper à l'Abbaye du Saulsoy sous Tournay, & détacha le soir Mr. de Marsilly avec quatre cens chevaux, partie de la Maison du Roi, partie de cavalerie legère, avec commission de l'informer des mouvemens des ennemis. Dès la pointe du jour il fit sonner à cheval, tint le grand chemin de Tournay à Mons, le suivit jusqu'à Brasse, l'y laissa à droite, alla passer près de Ville-au-Puis qu'il mit à sa gauche, & continuant sa marche à la droite de Tourpe, il entra dans la plaine où campoient les ennemis entre le ruisseau de ce nom & celui de Leuse. Mr. de Villars, qui une heure avant le jour étoit parti avec le Régiment de Dragons de Tessé & celui de cavalerie de Merinville pour soutenir Mr. de Marsilly, apprit au-delà de Brasse que l'arrière-garde des ennemis se trouvoit encore en-deçà des ponts de la Catoire & d'Andricourt. A cette nouvelle Mr. de Luxembourg laissa la conduite de la colonne à Mr. le Duc de Choiseuil, vint prendre la tête des trou-

1691. troupes de Mr. de Villars & joignit le détachement de Mr. de Marsilly, lequel étoit à la portée de la carabine des ennemis. Il s'apperçut que les bagages avoient passé les ponts, & qu'environ quatorze escadrons composoient l'arrière-garde. Craignant que cette cavalerie ne lui échappât par une retraite, il ordonna au détachement & aux deux Régimens de Mr. de Villars de la serrer de si près, qu'elle songeât moins à se retirer qu'à se défendre.

Dans cet intervalle commença à paroître la tête de sa colonne, dont il rangea les escadrons à mesure qu'ils arrivoient au champ de bataille; mais le tems, qu'il fallut à toute la colonne pour s'y rendre, donna aux ennemis le loisir de ramener leur aîle gauche, avec quelques bataillons qu'ils jetterent dans les hayes le long du ruisseau de Tourpe. Ils appuierent cette aîle à Chapelle d'Auvé, placerent leur droite au-dessous de Chapelle-à-Watine, le tout sur trois ou quatre lignes de hauteur, à cause du terrein resserré par deux ruisseaux. Mr. de Luxembourg forma les siennes; la première de la Maison du Roi & des trois escadrons de Merinville qu'il mit sur sa gauche; la seconde de la Gendarmerie, & de la Brigade de Quadt composée des Régimens de Rohan, de Prâlin, de le Maine, de Quadt & des Cravates, mais qui ne survinrent qu'après que leur ligne eut chargé l'ennemi. Quoique ces troupes manquassent au Maréchal pour completter sa droite, il jugea à propos de hâter le combat, d'autant plus que l'aîle gauche des ennemis achevoit de se réunir, & que leur infanterie doubloit le pas pour joindre. Ils en en avoient une partie à Chapelle d'Auvé, qui l'empêchoit d'étendre ses lignes & assûroit leur gauche. Mr. de Luxembourg y envoia les Régimens de Dragons du Roi & ceux de Tessé escarmoucher & faire une diversion de feu, dont il prévoioit que sa droite pouvoit être incommodée. Ensuite les deux lignes, s'étant avancées jusqu'auprès des ennemis, le détachement de Marsylly, rangé à la tête de la première, eut ordre de suivre les Dragons du Roi & de Tessé qui avoient pris les devants. Ces troupes allerent au pas, l'épée à la main, affronter des ennemis, dont la position & la contenance inspiroient de la terreur. La plûpart de leurs escadrons étoient bordés de fossés & de Waterganks, qu'il falloit franchir presque à bout portant sous le feu de leurs mousquets, & se présenter ensuite à la pointe de leur épée. Cette première ligne consistoit en l'élite de leur cavalerie, presque toute Allemande; aussi soutint-elle le choc pendant long-tems; mais enfin elle fut enfoncée & poursuivie par les Escadrons François, qui percerent jusqu'à la troisième ligne. Ils s'y arrêterent, se formerent de nouveau & reprirent leurs rangs à la portée du pistolet, sans perdre un pouce de terrein. 1691.

Mr. de Luxembourg, considérant que la première ligne avoit beaucoup souffert, ordonna à la seconde de passer par les intervalles de l'autre. Les escadrons battus s'étoient ralliés derrière celle qui marchoit contre la troisième des ennemis; de sorte que ces troupes chargerent conjointement & avec la même vigueur de leur côté; mais de l'autre avec moins de résistance

1691. qu'auparavant. Bientôt elles se firent jour, marcherent en avant sans se débander, & fonçant toujours en escadron, elles chasserent les ennemis depuis le champ de bataille jusqu'aux ponts de la Catoire & d'Andricourt. Ce fut dans ce dernier effort que Mr. de Luxembourg, allant à la charge entre deux de ses escadrons, faillit de périr par la main d'un des Gardes du Prince d'Orange. Ce téméraire vint fondre sur sa personne, & à bras raccourci lui allongea un coup d'épée, que le Maréchal para de sa canne. Il le frappa à la tête, sans y faire autre attention ; mais ceux, qui étoient à ses côtés, tuerent le Garde & le criblerent de mille coups.

Telle fut la fin de cette journée ; journée mémorable, où vingt-huit escadrons de l'armée du Roi en vainquirent soixante-&-dix à soixante-& douze des ennemis, dont la gauche seule en contenoit cinquante-six, outre leurs vieilles gardes & quatre Maîtres par compagnie de la droite. Ceux des escadrons François, qui donnerent dans la bataille, furent les onze de la Maison du Roi, les trois de Merinville, les huit de la Gendarmerie, les six de la Brigade de Quadt, & les quatre cens chevaux de Mr. de Marsilly qui faisoient partie des précédens ; en tout le nombre de vingt-huit que l'on vient de nommer. Une autre particularité digne d'attention, est que les troupes du Roi, n'aiant pas voulu se servir de leurs armes à feu, gagnerent à la pointe de l'épée le champ de bataille, qui resta couvert de corps de deux mille de leurs ennemis, tués ou blessés. A cette perte il faut ajouter celle de quatre cens prison-

sonniers, entre autres trois Colonels, un Brigadier & 1691.
beaucoup d'autres Officiers de moindre grade, sans trente-huit étendarts & deux paires de timballes. Excepté la Maison du Roi & le Régiment de Merinville qui formoient la première ligne, & qui furent les plus mal-traités, la seconde se conserva toute entière à peu de chose près.

Après l'action, la Gendarmerie fit un demi-tour à droite, repassa dans les intervalles de la Maison du Roi, marcha à trois cens pas au-delà, présenta le front aux vaincus, & attendit que celle-ci exécutât le même mouvement pour commencer la marche. Lorsque les troupes se furent avancées à une demi-lieuë du défilé au-delà duquel on avoit poussé les ennemis, elles se mirent en colonnes, & retournerent au camp d'où elles étoient parties.

La saison, qui déclinoit de plus en plus, obligea les deux armées d'entrer en quartiers d'hyver. Mr. de Luxembourg destina à la sienne les mêmes où elle avoit hyverné l'année précédente, partie dans la Châtellenie de Courtray, partie dans les Pays ennemis, dont, suivant sa maxime ordinaire, il faisoit fortifier les postes à la fin d'une campagne, & raser au commencement de l'autre.

Il aide au Roi à s'emparer de Namur.

1692. TAnt de prospérités, sans être mêlées de revers, devoient donner à la France lieu de croire qu'il n'y avoit point d'entreprise, du succès de laquelle elle ne fût assûrée par la valeur de ses troupes & par la capacité de leur Chef. Namur fut cette année une autre conquête qu'ambitionna le Roi. L'expédition requeroit de grandes forces, on assembla deux nombreuses armées, que le Monarque passa en revûe avant qu'il n'en ordonnât la séparation. L'armée du siége, qu'il se réserva, consistoit en quatre-vingt-dix escadrons & trente-sept bataillons; celle d'observation, dont il donna le commandement à Mr. de Luxembourg, étoit composée de cent dix-neuf escadrons & de vingt-neuf bataillons de plus que l'autre. Elles se séparerent en même tems. Le Roi se porta à Givry, d'où il tourna du côté de Namur, déjà investie par Mr. de Boufflers au-delà de la Meuse; mais dont Sa Majesté acheva l'investissement en-deçà de la rivière. Le Maréchal marcha aux Estinnes, & ne cessa de côtoier l'armée du Roi, jusqu'à ce qu'il vint camper à Longchamp, aiant sa droite à la Mehaigne.

Les ennemis essayerent de secourir la place par plusieurs marches, dont aucune n'échappa ni à la grande attention, ni aux justes précautions de Mr. de Luxembourg. Il rangea son armée en bataille à la tête du du camp, fit faire à droite pour marcher sur deux colonnes, & ne changea de mouvement que lorsqu'il eut vû les ennemis camper à leur tour. Alors faisant alternativement à gauche & à droite selon les cas, il se retrouva toujours en bataille vis-à-vis d'eux. Après trois semblables marches, il parvint à Acoche, où sur le bord de la rivière on avoit établi différens postes, munis de canon. Les ennemis en tenoient autant à l'autre rive; de sorte que le jour du lendemain se passa tout entier en escarmouches de part & d'autre. Mr. de Luxembourg avoit à dos une hauteur, qu'il crut propre à les empêcher de passer la Mehaigne. Il envoia en examiner la situation & y marquer un camp, que l'armée alla occuper pendant la nuit à la faveur des ténèbres. On retira par ses ordres les postes & le canon des bords de la rivière, dont il voulut qu'on laissât le passage libre aux ennemis, persuadé qu'il ne pourroit que leur être funeste après l'avoir achevé. Aussi-tôt la Mehaigne fut couverte de leurs ponts; mais dont ils n'ôserent jamais se servir; tellement que tout ce grand appareil se réduisit à une contre-marche que fit le Prince d'Orange pour reprendre sa première position. Le Maréchal revint de même sur ses pas se présenter vis-à-vis l'ennemi, qui fut témoin de la prise de Namur, comme il avoit été spectateur du siége de cette place. Dès que la garnison l'eut évacuée & cédée à celle du Roi, Sa Majesté donna à Mr. de Luxembourg rendez-vous à l'Abbaye de Floreff, où, après un long entretien sur la continuation de la campagne, Elle s'en retourna satisfaite à Versailles.

1692.

Il entasse victoires sur victoires. Bataille de Steenkerke.

1692. LA reddition de Namur étant une affaire finie, les deux armées changerent de lieux & se préparerent à d'autres opérations. Le Prince d'Orange alla camper entre Braine-l'Alleu & Tubise; Mr. de Luxembourg dans la plaine d'Enghien, sa droite au village de Steenkerke, sa gauche à Hérines, & le quartier général à Hoves. Deux jours après, courut le bruit que les ennemis se proposoient d'entreprendre un grand fourrage. C'étoit une feinte; elle se découvrit par l'avis qu'on eut de Mr. de Tracy, qui battoit l'estrade. Cet Officier avertit dès le matin que toute l'armée ennemie marchoit du côté de Steenkerke. Sur ce rapport Mr. de Luxembourg ordonna à l'armée de prendre les armes & de se former à la tête du camp. Ensuite il monta à cheval, s'avança pour remarquer le chemin que tenoit le Prince d'Orange, & fit approcher de Steenkerke toute l'infanterie, à la réserve de quelques Brigades qui gardoient le poste d'Enghien. Le terrein étoit garni de hayes, coupé de fossés, entre-mêlé de quelques petites maisons, & borné par un bois. Les ennemis le traverserent & gagnerent jusqu'aux hayes, où ils se mirent en bataille, munis de canons de tous côtés, à droite, à gauche, & devant leurs rangs. Mr. de Luxembourg, géné par le peu d'espace du terrein, distritribua son infanterie en cinq lignes, qu'il renforça de toute la cavalerie & des Dragons de l'aîle droite. 1692.

Un feu des plus vifs & un combat non moins opiniâtre tomberent successivement sur la première ligne. Elle se roidit contre l'un, & plia dans l'autre en partie. Cette ligne ne fut pas plûtôt soutenue par la seconde, que le feu ennemi redoubla de vivacité, sur-tout vers les hayes. Cinq bataillons Danois & deux d'Anglois en sortirent le fusil sous le bras, & vinrent avec beaucoup de sang froid planter vis-à-vis d'eux à une petite distance les chevaux de frise qu'ils tenoient à la main. Ils y firent sur les deux lignes une épouvantable décharge, qui leur tua beaucoup de monde & les mit un peu en desordre. Ces bataillons s'emparerent même d'une batterie de dix piéces de canon, qu'ils pointerent contre l'armée du Roi. Le choc fut d'autant plus violent, qu'il se communiqua le long du champ de bataille. Mr. de Luxembourg eut recours aux armes blanches. Il avoit tenu jusque-là les dernières lignes en réserve; il leur commanda de marcher l'épée à la main. Elles se jetterent à corps perdu sur les sept bataillons, & en firent réciproquement un carnage si complet, qu'en passant les hayes, à peine en virent-elles quelques hommes se retirer. En même tems Mr. le Prince de Conty, envoié à la poursuite, se porta sur la gauche dans un chemin creux, où les Brigades de Bourbonnois & du Roi étoient accablées par le grand nombre. Il leur joignit quelques bataillons avec les Régimens de Dragons du Corps de Mr. de Boufflers qui arrivoient sur l'heure, & qui eurent ordre de suivre

1692. à pied. On se battit long-tems, tantôt avec plus, tantôt avec moins de succès; mais avec autant de fermeté d'une part que de l'autre. Enfin l'heureux moment se présenta que les troupes du Roi triompherent des ennemis. La cavalerie courut par des routes fort coupées & talonna les fuiards jusqu'au-delà du bois. Ils perdirent dans leur fuite une partie de leur canon, mirent le feu à leur poudre, brulerent leurs chariots, & se sauverent avec beaucoup de précipitation dans le camp d'où ils étoient venus chercher leur mauvaise fortune. Leur retraite, quelque fâcheuse qu'elle fût, leur auroit encore plus couté que le combat, si, suivant le dessein de Mr. de Luxembourg, la cavalerie de la gauche avoit pû pénétrer jusqu'au-dessus d'Enghien, les y attendre en bataille & les prendre en flanc; mais les Officiers-Généraux de cette aîle en trouverent les chemins impraticables.

Sans estimer leur perte, on peut assûrer sans hyperbole qu'elle diminua considérablement leurs forces, au-lieu que quantité de drapeaux, pris sur eux, augmenterent les trophées du Maréchal. Il ordonna qu'on enlevât du champ de bataille leurs blessés & les siens, qu'on les transportât à Enghien, & qu'on eût autant de soin des uns que des autres, en attendant que le Prince d'Orange envoiât des Commissaires reprendre ceux qui pouvoient supporter la voiture. Au bout de huit jours, l'armée décampa de Hoves pour se rendre dans des quartiers plus abondans en subsistances. Elle campoit en différens lieux, lorsque Mr. de Luxembourg apprit que les ennemis songeoient à le supplanter

ter dans la Châtellenie de Courtray, Pays riche & fertile en pâturages. Quoique ce ne fût pas alors son tems ordinaire de finir la campagne; néanmoins il crut devoir l'anticiper, en occupant des logemens où l'armée avoit coutume de passer l'hyver. Il s'y arrêta pendant six semaines, alla ensuite prendre ses quartiers de fourrage dans la Chatellenie d'Ath, & eut toujours la précaution que les troupes subsistassent aux dépens du Pays ennemi. 1692.

Bataille de Neerwinde & ses suites.

LE Roi commanda cette année une de ses armées en Flandre, mais ne tint pas long-tems la campagne. Après quelques jours de marche, il arriva à Gemblours, où il manda Mr. de Luxembourg, qui campoit à Tourine-les-Ourdons. Sa Majesté, considérant que le bien de son Service demandoit que l'on agît en Allemagne avec plus de vigueur, avoit résolu d'y envoier Mgr. le Dauphin. Elle s'ouvrit sur ce dessein au Maréchal, lui fixa le nombre des troupes qu'Elle soumettoit au commandement de ce Prince, lui permit d'incorporer le reste dans les siennes, & s'en retourna à Versailles. Avec cette augmentation l'armée se trouva composée de deux cens & un Escadrons, tant cavalerie que Dragons, & de quatre-vingts-seize bataillons complets. 1693.

Mr. de Luxembourg, en état de se présenter aux yeux

1693. yeux de l'ennemi, voulut le voir d'assez près pour lui donner sa revanche. Il marcha sur sept colonnes droit à l'Ecluse, où son camp & celui du Prince d'Orange à l'Abbaye du Parck sous Louvain ne furent séparés que par un bois. Uniquement occupé du soin de livrer bataille, il en chercha tous les moïens possibles, & n'en trouva d'autre que celui d'exposer l'armée à passer les défilés & les ruisseaux dont le bois & les environs étoient remplis. Il se contenta de consommer les fourrages du canton, & prit le parti d'aller camper à l'Abbaye d'Heylissem. Les difficultés du terrein, le passage de la Geete & la grande proximité des ennemis font l'éloge de cette marche, qu'il entreprit le 7. Juillet. Tous les gros & les menus bagages de l'armée défilerent par un même chemin; ceux-là à minuit; ceux-ci à la pointe du jour. On sonna le boute-selle, on battit la générale à sept heures du matin, & on différa de sonner à cheval à cause d'un brouillard, qui ne se dissipa que deux heures après. L'armée se forma en bataille à la tête du camp sur deux lignes, lesquelles se partagerent par moitié pour se ranger sur quatre. Les deux premières avancerent dans cet ordre jusqu'à l'entrée du défilé, où aiant été suivies par les deux secondes, tout doubla derechef & se mit sur huit lignes. Les ennemis détacherent une bonne partie de leur cavalerie, qui traversa les bois qu'ils avoient en front. Mr. de Luxembourg veilloit à l'arrière-garde. Il opposa à cette cavalerie ses deux dernières lignes, jusqu'à ce que les six autres eussent passé le défilé. Ensuite il mar-

marcha en avant & gagna tranquillement le camp de Heylissem. 1693.

Il y ordonna un fourrage général ; mais pendant qu'il en visitoit l'enceinte, il eut avis que le Comte de Tilly étoit venu camper à Tongres avec un gros Corps de cavalerie. Quoiqu'éloigné de sept lieuës de l'endroit, il interrompit aussitôt le fourrage, manda la moitié de la première & de la seconde ligne de l'aîle droite, outre tous les Dragons de l'armée. Dès que ces troupes l'eurent joint, il les disposa en deux colonnes, & fit tant de diligence pendant la nuit, qu'il arriva de grand matin à la vûe de Tongres. Le Comte de Tilly n'y étoit plus. On apperçut de loin une partie de son arrière-garde, dont on ramena quelques prisonniers. On découvrit en même tems la queuë des bagages qui défiloient vers Liége par un chemin creux ; ils furent atteints, pris & pillés par une Brigade de cavalerie.

Mr. de Luxembourg leva le camp d'Heylissem le neuvième jour après y être revenu de Tongres. Il avoit ordre de s'emparer de Huy, il s'en rendit maître en très peu de tems. Cette expédition devoit précéder celle contre les Lignes de Liége, qu'il étoit chargé de forcer. Dans ce dessein il mena l'armée à Hellich ou Lesky ; position qu'il choisit comme la plus propre à le mettre en exécution, d'autant plus que ne s'éloignant pas trop de Huy, il s'y trouvoit placé entre Liége & Saint-Tron, où étoient les ennemis. De Lesky il vint reconnoître les retranchemens, dont l'abord & la force surpassoient l'idée que le Roi s'en étoit formée. Mr. de Luxembourg

1693 bourg les vit garnis d'une nombreuse infanterie, & si fortifiés d'ailleurs par l'art & la nature, qu'il en jugea l'attaque également difficile & périlleuse. Son opinion fut celle de tous les Officiers-Généraux ; de sorte qu'il aima mieux conserver l'armée en lui procurant quelque autre moien de signaler sa valeur avec gloire, qu'à la sacrifier, si non avec honte, du moins avec un desavantageux succès en se conformant à la volonté du Monarque. Le Maréchal emploia la ruse, il publia qu'il attaqueroit les retranchemens dès le lendemain, & pour en imposer avec plus de vraisemblance, il ordonna à la cavalerie & à l'infanterie de construire des fascines, qui seroient portées à la tête du camp. Le bruit de ces faux préparatifs parvint en un instant aux oreilles des ennemis. Ils donnerent dans le panneau, & envoierent sur le champ huit bataillons d'augmentation dans les retranchemens de Liége. C'étoit précisément ce qu'avoit souhaité Mr. de Luxembourg dans la vûe de leur livrer bataille.

Malgré la forte pluie qui dura toute la nuit, & qui continuoit encore à la pointe du jour, il mit l'armée en marche sous la conduite des Officiers-Généraux, la suivit à cinq heures du matin, & la dévança avec quelques Régimens de Dragons à dessein de reconnoître les ennemis qu'on lui avoit dit être décampés, mais qu'il trouva renfermés dans le même camp. Toutes les troupes, aiant sû qu'il s'agissoit de combattre & d'arriver à propos, s'empresserent, autant par ordre que par ardeur, à faire toute la diligence possible. Mr. de Luxembourg ne put les ranger en bataille que peu d'heures

res

res avant la soirée; ce qui l'obligea de différer l'action 1693.
au lendemain. On coucha sous les armes de part & d'autre; mais tandis que l'armée du Roi en repos se délassa de ses fatigues, celle des ennemis travailla sans relâche à se retrancher jusqu'aux dents.

A peine le jour du 19. Juillet commença à poindre, que l'une battit la Diane, & que l'autre y répondit de la même façon pour marquer qu'elle l'attendoit de pied ferme. Peu de tems après l'aurore, celle-ci fit une décharge de toute son artillerie, que Mr. de Luxembourg lui rendit de la sienne aussitôt qu'elle fut braquée à la tête de ses rangs. Ensuite accompagné des Officiers-Généraux, il parcourut la longueur de la ligne, & donna par-tout les ordres à observer dans l'attaque. Elle commença contre un gros d'infanterie, retranché dans les villages de Neerwinde & de Laer. Ces postes furent emportés de vive force après un rude choc; mais repris lors même que la cavalerie avançoit pour soutenir. Aux troupes repoussées succéderent des troupes fraîches, qui pour la seconde fois eurent le même avantage & le même sort que les premières.

D'un autre côté les fantassins & les Dragons de la droite fondirent sur un troisième village appellé Rumsdorp, en chasserent les ennemis, & voulurent pousser plus loin, lorsque Mr. de Luxembourg, aiant reconnu qu'on ne pouvoit pénétrer par-là dans les retranchemens, envoia ordre à l'infanterie de retourner à son premier poste. Alors plusieurs Brigades, qui n'avoient point encore combattu, marcherent du côté de Neerwinde & de Laer, qu'on attaqua pour la troisième &

1693. dernière fois avec une si heureuse fermeté, qu'en même tems qu'on délogea les ennemis, la cavalerie pénétra dans leurs retranchemens. Mr. de Luxembourg y entra par un autre endroit à la tête des Carabiniers & de la réserve; de sorte que maître du champ de bataille, il obligea les ennemis, vaincus à leur honte, de tourner le dos aux troupes victorieuses du Roi. Ils se retirerent en partie par la ville de Loo, & en partie à travers de la petite Geete, dont les eaux non seulement furent teintes de sang, mais dans lesquelles une grande quantité de fuiards s'ensévelirent en cherchant leur salut. On ne put les poursuivre, faute d'équipages de vivres & de munitions. Au reste le gain de cette bataille, dont la France fut encore redevable à la capacité & à l'opiniâtreté du Maréchal, couta à la vérité bien du monde au vainqueur, & beaucoup plus aux vaincus. Parmi le nombre considérable de prisonniers, faits sur eux, se trouverent plusieurs Officiers-Généraux & diverses personnes de haut rang. On leur prit une multitude d'étendarts & de drapeaux avec quatre-vingts-six piéces de canon.

Mr. de Luxembourg s'arrêta deux jours dans le champ de bataille, d'où il alla camper quinze autres à Covarem. pendant cette inaction, si nécessaire à l'armée, il détacha un Officier-Général pour établir des contributions le long du Jaar. A la fin de la quinzaine de relâche, il marcha jusqu'au camp de Soignies, & y fit un court séjour, afin d'ôter aux ennemis tout lieu de se douter du projet qu'il avoit conçu d'ajouter à sa victoire la prise de Charleroy. Il revint sur ses pas former

mer la circonvallation de cette place, devant laquelle 1693. arriverent les troupes le 10. de Septembre. Cependant l'Electeur de Bavière avoit passé la Dendre & jetté des ponts sur l'Escaut près de Gavre. Il n'effectua rien de plus par la précaution du Maréchal. Celui-ci partit pour Mons le 21. avec la Maison du Roi, la Brigade du Mestre-de-Camp & dix-sept bataillons, qui campe-rent près de cette ville & à portée de gagner Tournay en cas de besoin. Informé de ce mouvement, l'Elec-teur leva ses ponts & resta sur la Dendre, le Prince d'Orange se fixa sur l'Escaut, & Mr. de Luxembourg retourna au camp de Vanderbecq. Il laissa sous Mons les troupes qu'il y avoit amenées, envoia le 26. l'infan-terie se poster à Gosseliers pour servir au siége, fit camper le 28. l'aîle gauche dans la plaine de Fontaine-l'Evêque par rapport à la commodité des fourrages, cantonna le reste de la cavalerie de l'aîle droite dans le voisinage de Trasegnies, mit un Corps de troupes à Perwez & en plaça un autre sous Tournay, de manière que se prêtant la main, ils pussent empêcher les enne-mis de passer l'Escaut. Charleroy tint trente-&-un jours de tranchée ouverte, au bout desquels elle se ren-dit par capitulation. Ainsi finit la campagne à la sa-tisfaction du Roi & à la louange de Mr. de Luxem-bourg, qui rassembla ses différens Corps de troupes, dont une partie prit des quartiers dans la Châtellenie de Courtray, & l'autre dans celle d'Ath.

Il prévient & étonne les Ennemis par une marche qu'il dirige sous le commandement de Mgr. le Dauphin.

1694. MR. de Luxembourg ne commanda cette année qu'en second sous Mgr. le Dauphin, que le Roi mit à la tête de son armée en Flandre; mais à condition que ce Prince n'entreprendroit rien de son chef, qu'il ne résoudroit & n'agiroit que conformément aux avis du Maréchal. Le mauvais état des troupes, & de la cavalerie en particulier, donna lieu à deux cantonnemens entre Sambre & Meuse, depuis le 20. Mai jusqu'au 1. Juin que Mgr. le Dauphin se rendit à Maubeuge.

Le 15. toute l'armée partit de Farsiennes pour Gemblours, d'où en trois marches elle arriva à Horelle dans les environs de Liége. Mgr. le Dauphin ne sortit d'un Pays, où sa présence portoit ombrage, que pour suivre les ennemis, qui, après avoir long-tems hésité, allerent prendre sur la Mehaigne une avantageuse position entre Taviers & Judogne. Pour lui, il assit son camp à Vignamont, fermement résolu d'y attendre que les Alliés décampassent les premiers.

Le Prince d'Orange étoit dans le même sentiment. Il esperoit que la disette des fourrages obligeroit Mgr. le Dauphin à se frayer une route difficile à travers les ruisseaux & les ravins pour gagner la Sambre. Il se promettoit même d'attaquer & d'abymer dans cette marche critique telle partie de l'armée Françoise qu'il juge-

jugeroit le plus à propos ; mais Mr. de Luxembourg fut rendre toutes ses espérances inutiles. Il trouva moien de tirer ses fourrages, tant du côté de Liége que de celui de la Meuse ; de sorte que manquant eux-mêmes de subsistance, les ennemis se virent tout à coup réduits à quitter un séjour si flatteur pour eux. Ils se retirerent pendant que la plus grande partie de l'armée du Roi étoit au fourrage. On sut qu'ils avoient dessein de la prévenir sur l'Escaut & de s'y rendre maîtres du Pays au-delà de cette riviére. Tous craignirent l'évenement, hormis le Maréchal, qui assûra que supposé que telle fût l'intention des Alliés, il régleroit si bien ses mouvemens, qu'on en seroit quitte pour la peur. On rappella les fourrageurs au camp par un signal de trois coups de canon. L'infanterie marcha dans l'instant, l'aîle gauche de la cavalerie sur le midi, & la droite eut ordre de suivre le lendemain au matin. Mgr. le Dauphin partit entre cinq & six heures du soir, vint loger au château de Frenelmont, & y coucha sur une botte de paille. Cette nuit fut extrêmement pluvieuse. Le lendemain à la pointe du jour il se porta à Dausois, où il joignit la tête de l'armée, qui faisoit halte. 1694.

Mr. de Luxembourg s'étant avancé sur la hauteur du Masy, découvrit la droite des ennemis, appuiée à Marbais & leur gauche à Sombreff. Il en donna connoissance à Mgr. le Dauphin, qui aussitôt s'approcha des bords de la Sambre, qu'il passa le jour suivant. A couvert par cette riviére, le Prince partagea l'armée en plusieurs Corps, afin d'en faciliter & hâter la marche.

1694. che. La grande diligence des ennemis ne permettoit pas qu'il perdît une heure de tems. Mr. de Luxembourg l'accompagna jusqu'à Mons, où l'on détacha incontinent le Maréchal de Villeroy, avec ordre de prendre des Lignes les troupes qu'y commandoit Mr. de la Valette, & les vingt escadrons que Mr. de la Motte avoit amenés de Maubeuge. Ces troupes devoient se montrer aux ennemis de l'autre côté de l'Escaut & les tenir en suspens. Le 23. Mgr. le Dauphin se transporta de Mons à Tournay. Mr. de Luxembourg y arriva le premier dans l'intention de donner à connoître aux ennemis que l'armée étoit déjà sur les lieux. Après les avoir leurrés par trois décharges de toute l'artillerie de la place, il envoia de là sans délai plusieurs piéces de canon au bord de l'Escaut. Le lendemain à l'aube du jour Mgr. le Dauphin s'en fut avec la Maison du Roi camper à Bossu, dont il occupa toute la plaine jusqu'à Espierres. Il ne tarda pas à y être joint par la Brigade des Gardes & par celle de Roïal Italien, lesquelles, pour plus grande promptitude, avoient fait en batteaux le trajet de Condé à cet endroit de la riviére.

Dès leur camp à Marbais, les ennemis avoient détaché le Duc de Wirtemberg avec dix-huit bataillons & quatre mille chevaux. Ce détachement alla par Halle & Ninove droit à Oudenarde, y passa l'Escaut le 24., & s'avança la nuit suivante jusqu'auprès de Kerckhoven, où il attendoit de Gand un renfort de quatre à cinq mille hommes. Le Duc étoit chargé d'attaquer Mr. de la Valette à Awelghem; mais il n'eut pas plûtôt appris que la tête des troupes du Roi paroissoit à Hau-

Hauterive, qu'au-lieu d'avancer, il recula au-delà de 1694. l'Escaut & rejoignit l'armée. Elle s'étoit déjà ouvert trois descentes sur la riviére, elle travailloit à y jetter des ponts à la faveur de son artillerie qui en garnissoit les bords, lorsque saisie d'étonnement, elle vit tous les bataillons & les escadrons François réunis dans un Pays dont elle les croioit encore bien éloignés.

Trompés dans leurs vûes, les ennemis se retirerent à Oudenarde le 26. Août. Mgr. le Dauphin les fit reconduire près de Wormade par une canonnade de dix piéces de canon, laquelle dura pendant une heure. Ce même jour ils s'arrêterent à Berckem, traverserent le lendemain l'Escaut à Oudenarde, & s'étendirent le long du terrein depuis cette rivière jusqu'à la Lys, que l'armée du Roi passa le 28. pour camper à Courtray. Mgr. le Dauphin y séjourna quelque tems & retourna ensuite à Versailles, abandonnant le reste des opérations à la prudence du Maréchal qui les avoit dirigées jusqu'alors.

Mr. de Luxembourg conserva le camp de Courtray jusqu'à la fin de la campagne, & ordonna aux troupes d'y barraquer pour se garantir du mauvais tems. Il envoia reconnoître un fourrage général vers Rousselaer, d'où l'on revint lui rendre compte que Mr. d'Ouwerkerque devoit y arriver le soir avec quatre mille chevaux qu'il menoit en quartier d'hyver. Le Maréchal resolut d'enlever ce Corps. Il commanda la cavalerie & tous les Grénadiers, qui partirent à dix heures; mais qui rentrerent au camp comme ils en étoient sortis. Au-lieu de passer la nuit dans le village, l'ennemi en

a-

1694 avoit profité pour fuir d'un endroit destiné à être fourragé le lendemain. Il le fut en effet, & par-là finit la campagne, où il ne se fit rien de remarquable que la marche de Vignamont, laquelle, eu égard à toutes les circonstances, valut une victoire.

Maladie & Mort de Mr. de Luxembourg.

L'Armée aiant repris ses quartiers ordinaires de fourrage & d'hyver, Mr. de Luxembourg s'empressa d'aller rendre ses soumissions au Roi, dont il fut gracieusement reçu. Il ne cessa de fréquenter la Cour jusqu'au dernier Décembre de cette année qu'il tomba malade & garda le lit. Pendant la durée de cette maladie, le Roi témoigna visiblement l'intérêt qu'il prenoit à la santé du Maréchal. Nuit & jour incertaine sur ce qu'Elle en avoit à craindre ou à esperer, Elle envoioit à tous momens savoir de ses nouvelles. Cependant la maladie faisoit de grands progrès & donnoit lieu à de mauvais présages, qui ne se justifierent que trop tôt. En effet Mr. de Luxembourg ne languit pas long-tems. Il se résigna à la mort, & l'envisagea avec cette fermeté d'ame dont il avoit donné tant de preuves durant le cours de sa
1695 vie. Enfin le cinquième jour, c'est-à-dire le 4. Janvier de l'année suivante, il rendit l'esprit, laissant à la France le souvenir qu'il en fut autrefois l'ornement & l'appui. Louis XIV., par considération pour le pere, chargea aussi-

aussi-tôt un de ses courtisans de faire en son nom aux enfans des complimens de condoléance. Ceux-ci, étant venus remercier le Roi de ces marques de bonté, il leur dit que quoiqu'ils eussent beaucoup perdu, sa perte étoit encore plus grande. Expressions bien simples, mais qui renfermoient un éloge d'autant moins équivoque, qu'il sortoit de la bouche d'un Prince, aussi grand par l'héroïsme que par le discernement. 1695.

Ebauche de son Portrait.

MR. le Maréchal de Luxembourg avoit l'esprit fort vif, beaucoup de pénétration & de jugement. Il réunissoit en sa personne toutes les qualités qui constituent un grand Capitaine ; l'activité, la vigilance, la prudence, le courage, l'excellent coup d'œil, le sang froid, l'intrépidité dans les cas nécessaires, l'imagination fertile en expédiens, & par-dessus tout cela un bonheur infini. Haut sans fierté, ferme sans obstination, rigoureux sans injustice, plein de mérite sans amour-propre, incapable de bassesse, affable, naturellement obligeant & bon ami, tel fut son caractère. Jamais homme n'eut plus d'aversion pour la flatterie & moins d'empressement pour les louanges, jusque-là que les éloges, que l'équité ne pouvoit refuser à ses belles actions, le choquoient & blessoient sa modestie. Beaucoup plus attaché aux intérêts du Roi & de l'Etat qu'aux siens propres, il négligea toutes les occasions de thé-

sacrifier pour sa famille; aussi vit-on ses enfans renoncer à la succession de leur pere, ou parce que le patrimoine étoit trop modique, ou surchargé de dettes, contractées par de longs services rendus avec beaucoup de gloire & avec trop de desintéressement. A la guerre près, sa vie fut un tissu de vicissitudes heureuses & malheureuses. En proie à la calomnie, en bute à la haine implacable d'un Ministre; il triompha de l'une, & se soutint contre l'autre. Rien ne prouva mieux son innocence dans les accusations que la scéleratesse & la punition de ses délateurs; rien, dis-je, n'établit, n'affermit mieux sa justification contre les mauvaises impressions de l'inimitié que la confiance dont il fut honoré par le Roi, qui, pour se l'attacher de plus près, lui confera la charge de Capitaine de ses Gardes.

Le mérite du Maréchal Duc fut si reconnu, si avéré chez les Ennemis même de la France, que le Prince d'Orange son antagoniste, Prince d'ailleurs respectable pour ses qualités personnelles, ne put se dispenser de lui rendre la justice qu'il savoit lui être dûe. Après le combat de Steenkerke, il avoua ingénûment à quelques Officiers du Roi, faits prisonniers de guerre, que Mr. de Luxembourg avoit sur lui un terrible ascendant, & que dans toutes les rencontres, où il s'étoit agi de disputer avec lui la victoire, il avoit toujours eu le malheur de succomber. Un Gentilhomme François, réfugié en Angleterre pour cause de Religion, & qui depuis lors s'étoit consacré au Service des Alliés, se trouvant un jour à table avec ce Prince, ne cessoit d'appeller Mr. de Luxembourg heureux à l'occasion du gain de la batailtaille de Neerwinde. Le Prince, qui connoissoit beaucoup mieux que cet Officier les talens du Maréchal, ennuié de ces repetitions, lui repliqua qu'il y avoit trop long-tems que la fortune favorisoit Mr. de Luxembourg, pour n'être que simplement heureux.

Enfin lorsque le bruit de la mort du héros de la France se répandit en Hollande & dans la Grande-Bretagne, ce même Prince, à qui il avoit été si incommode pendant sa vie, dit à haute voix à ses courtisans: „ Messieurs, vous supposez sans doute que j'ai lieu de „ me réjouir de cette nouvelle; mais vous ignorez peut-„ être que je ne puis m'empêcher d'être sensiblement „ touché de la perte d'un si grand homme".

On pourroit rapporter ici une petite particularité pour preuve du commerce de politesse qui subsista toujours entre ces deux fameux Généraux de leur siécle. Un Garde de Mr. de Luxembourg, en Sauve-garde au quartier général que vint prendre le Prince d'Orange, fut mené à Mylord Portland. Ce favori du Prince lui rendit compte que le Roi d'Angleterre viendroit le soir souper chez lui, & que s'il étoit curieux de voir Sa Majesté, il lui en permettroit l'accès. Le Garde fut témoin de l'honneur que fit le Prince d'Orange à Mr. de Luxembourg de boire à sa santé. Mylord Portland imita l'exemple, & chargea le Garde d'une commission. C'étoit de lui trouver de beaux fruits dans les environs du camp de l'armée Françoise, & quelques bouteilles de ratafia-cérise, dont le Roi étoit grand amateur. Il ajouta que cela lui feroit beaucoup de plaisir, & qu'il en paieroit volontiers tout le prix qu'on en exige-

 roit.

roit. Le Garde en parla à Mr. de Luxembourg, qui ordonna d'aller prendre dans les villes voisines tout ce qui s'y trouveroit de plus exquis en fruits nouveaux. Il pria les Officiers-Généraux de l'armée de lui céder ce qu'ils pouvoient avoir de ratafia, y joignit ce qui lui en restoit de sa provision, en fit charger deux mulets, les envoia à Mylord Portland, & lui manda de vouloir bien accepter ce présent, n'ôsant s'adresser à d'autre qu'à sa personne. Le Prince d'Orange fut si sensible à l'attention de Mr. de Luxembourg, qu'il enjoignit à Mylord de lui en faire des remercimens, accompagnés de protestations de parfaite estime. Celui-ci s'en acquitta par une lettre pleine d'esprit & de politesse.

Finissons par une réflexion assez remarquable, en ce qu'après s'être si souvent exposé aux plus grands dangers de la vie, tant dans les siéges que dans les combats, jamais le Maréchal ne reçut la moindre blessure. A Steenkerke il en fut quitte pour deux chevaux tués sous lui, à Neerwinde pour un tué de même & deux autres blessés. Enfin il mourut de mort naturelle, environné de gloire à l'ombre de ses lauriers, que la Renommée empêchera de flétrir dans aucun âge.

FIN.

A
B

www.ingramcontent.com/pod-product-compliance
Ingram Content Group UK Ltd.
Pitfield, Milton Keynes, MK11 3LW, UK
UKHW021936200726
13855UKWH00007B/344

9 782012 860520